U1018491

丛书主编 /贺雪峰

湖北省学术著作出版专项资金资助项目

·中国现代农业治理研究丛书·

家庭农场的本土化实践与发展

周 娟 著

通过驻村调研，对小农户经营、家庭农场经营和大规模农场经营的实践过程，以及它们对农户和村庄的意义，对农业和农村社会产生的影响等进行了详细考察。在此基础上，分析家庭农场的本质内涵以及在今天中国农村发展家庭农场具有的经济意义和社会意义，及其发展条件和限制因素。

華中科技大學出版社
http://www.hustp.com
中国·武汉

图书在版编目(CIP)数据

家庭农场的本土化实践与发展/周娟著.—武汉：华中科技大学出版社，2016.8(2019.9重印)

(中国现代农业治理研究丛书)

ISBN 978-7-5680-2081-7

Ⅰ.①家… Ⅱ.①周… Ⅲ.①家庭农场-本土化-研究-中国 Ⅳ.①F324.1

中国版本图书馆CIP数据核字(2016)第183276号

家庭农场的本土化实践与发展 周　娟　著

Jiating Nongchang de Bentuhua Shijian yu Fazhan

策划编辑：易彩萍

责任编辑：易彩萍

责任校对：曾　婷

版式设计：张　靖

责任监印：朱　玢

出版发行：华中科技大学出版社(中国·武汉)　　电话：(027)81321913

武汉市东湖新技术开发区华工科技园　　邮编：430223

录　　排：华中科技大学惠友文印中心

印　　刷：武汉市金港彩印有限公司

开　　本：710mm×1000mm　1/16

印　　张：15.25

字　　数：266千字

版　　次：2019年9月第1版第2次印刷

定　　价：98.00元

本书若有印装质量问题，请向出版社营销中心调换

全国免费服务热线：400-6679-118　竭诚为您服务

版权所有　侵权必究

本书为华中农业大学中央高校基本科研业务费专项资金资助项目“农业经济体制改革下家庭农场的生成及发展机制研究(2662015RW014)”的研究成果,并受2015年度湖北省社科基金一般项目“家庭农场的本土化实践与发展”资助。

目　　录

第一章 导论

农地规模经营被作为实现我国农业产业结构调整和农业现代化的重要手段，近几年在各地方得到积极推进和实践。农地规模经营也成为学术界关注的热点问题。

第一节 两条路两种方向

随着经济的发展，对“三农”问题的求解越来越迫切，政府希望通过发展现代农业来寻求农业出路，推动土地规模经营作为实现农业结构调整、促进农民增收、发展现代农业的重要手段被实行。在2006年开始的“十一五”规划中，政府提出了奖励规模经营和促进农村的产业化经营，而2008年的《中共中央关于推进农村改革发展若干重大问题的决定》中则进一步明确了促进土地市场化流通和农村规模化、产业化经营的道路。此后，土地流转政策进一步得到推动，同时政府倡导主要以龙头企业带动、大资本大规模承包经营等方式来实现产业化和规模化的经营。这种新型农业经营模式的优势从各个角度得到论证，这也是现在大部分学者以及政府官员的主张。

除此以外，也有学者提出根据中国国情，要慎重考虑大规模的经营，主张适度规模的家庭农场应当是中国未来农业发展的主要力量（任治君，1995；黄宗智，2007a；黄宗智等，2012a）。同时，以贺雪峰为代表的一批学者从农民的生存与发展、农村社会稳定的立场出发，强调小农家庭经营不仅具有强韧的竞争力，而且由小农发展出来的中农正是支撑农村社会的中坚力量，从而主张小农应当仍作为未来农业发展的主要力量（贺雪峰，2011a，2011b；杨华，2011，2012；陈柏峰，2012）。虽然两者用语不一样，但其观点的核心本质是一样的，即美国式的大资本农场不适合中国国情，以农户家庭经营为核心的经营组织方式才是符合中国实际的，也是中国农业的未来。

大规模经营与农户家庭经营不仅代表了两种不同的农业经营组织形式，也代表了今后农业发展的不同方向。农业发展的这两种方向，不是在现在中国农业发展问题的争论中才出现的，而是在近代农业发展史上一直存在。在具体实践中，各国在这两条道路中各自进行了取舍，发展出了多样化的农业经营体制。对传统农业进行改造,使其现代化,以实现经济快速增长,而不造成“落后累积”,不使农业成为国家发展的拖累,使其成为经济发展的动力之一,不仅是现在广大发展中国家努力实现的目标,也是西方国家曾经努力实现的目标。

在这个目标实现过程中,各国的决策者要在各种途径、假设与目标之间选择,而其面对的主要选择有三[①]:①“赌强者赢”或赌群众赢,亦即农业的改革或发展只注意少数有能力的富农,或以乡民群众的缓慢进展为目标;②大规模经营或家庭式经营,亦即相信大规模农业企业的优点,或相信家庭农场的优点;③建立互动式或指导式经济系统,亦即人民自动自发附加集会结社的系统,或中央集权甚至国家控制的系统。政策决定之后主要的组织模式有三种,即资本主义企业、集体或国有企业、小型家庭农场。

谢林结合社会目标和组织方式将组织模式分成三类,而黄宗智按照意识形态分成两类,其中资本主义企业和集体或国有企业属于一类,它们是在新古典经济学、新自由主义以及马克思主义的政治经济学影响下而被倡导的,因为按照这种意识形态,资本主义生产方式必定会取代小农经济,从而要么以自由市场为基础建立资本主义生产方式,要么以社会主义改革消灭资本主义,这样便出现了集体或国有企业。而小型家庭农场则属于另一类,其是以恰亚诺夫为代表的“组织经济学”(或称“实质主义经济学”)的研究成果,更注重从现实局限出发,从而发现小农经济的不同组织逻辑及其强韧性(黄宗智,2012b,2014)。

同是对农业发展道路的讨论,谢林与黄宗智在对不同发展道路的优劣进行讨论和分析时,切入点是有差异的。黄宗智的分析更注重从经济性条件和后果来论述美国式的大规模农场与小型家庭农场在中国实践中的区别,他对中国近代农业经济史进行了详细考察,并结合当前中国人多

① 谢林.乡民经济的本质与逻辑[M]//沃尔夫.乡民社会.台北:巨流图书公司,1983:198-201.

地少的具体国情、“半耕半工”经济形态的大量存在以及中国正在进行的“隐形农业革命”的历史契机，认为资本-劳动双密集型的小型家庭农场才是实现中国农业发展的未来(黄宗智，2007b，2010)。

谢林则侧重于从经济性和社会性的条件与后果来论述资本主义企业、集体或国有企业与小型家庭农场的优劣。他认为推进资本主义农业经营的“赌强者赢”政策需要推进生产因素(尤其土地)的自由市场、土地合并措施、方便有钱人的借贷制度、维持低廉的农业工资、使大农户获益最多的生产辅助，等等。这种少数人的农业发展及市场供需的提高，对全国而言没有太大意义，甚至会导致经济的退步。失去土地的小农会引发严重而又日益恶化的社会经济问题，社会平等与冲突问题加剧，农村社区的两极化可能导致政治性反叛、经济动荡甚至社会经济体系的瓦解，并且大农场对经济资源的利用可能比小农场更缺乏效率。而小型家庭农场的优点是就业更充分，农业资源能够得到更有效的利用，可以扩大国内工业产品的市场，不会破坏农村社会结构；但其潜在的缺点是其在发现新技术并采纳、获得多余的资本以及从事投资、获得“自我持续的成长”方面很困难。所以为了克服小型家庭农场的这些缺点，国家需要采取“社区发展”计划与农业合作社的形式①。

谢林与黄宗智观点的区别，也是贺雪峰与黄宗智观点的差异。虽然两人都主张以农户家庭经营为核心的经营方式，但贺雪峰用的是“中农”的表达方式，黄宗智用的是“家庭农场”的表达方式，“家庭农场”是更具有农业经济学色彩的专业术语，“中农”则具备更多社会性含义。贺雪峰更多地从“中农”的社会性效果来强调其必要性，比如其强调“中农”不仅是现在农村粮食生产的主力，也是村庄事务、村庄管理的主要参与者，是进行村庄治理、保护村庄完整性和维持村庄生活的主要力量，从而从农业经营、村庄治理、村庄公共生活等角度来强调“中农”的重要性，而不是侧重

① 谢林.乡民经济的本质与逻辑[M]//沃尔夫.乡民社会.台北:巨流图书公司，1983:201-202.

于其经营的优越性(贺雪峰,2011a,2011b)。

谢林、贺雪峰和黄宗智观点的差异也体现在农民经济研究中的另外两大传统农业经济学和农民政治经济学之间。前者主要以新古典经济学、新制度经济学和新自由主义为主要理论依据和分析手段,后者主要以马克思主义政治经济学分析为代表。如果不考虑两者对人类经济演变的单线进程共识,即人类经济是通过商品化从前资本主义到资本主义的演变过程,则两者在对农民经济的分析上,无论从分析视角、分析手段和分析立场上都存在巨大差异。

弗兰克·艾利思对新古典经济学和马克思政治经济学的区别进行了细述①:新古典经济学从农业生产者是个人决策者出发,以"理性经济人"为基本建构,其出发点是个别经济单位,并把经济制度与社会政治制度区别开来,而不对后者进行关注。新古典经济学的逻辑方法是从一套先验假定出发的演绎,强调社会和谐,这种和谐通过自由市场交换达到,其理论范围主要局限于具有技术经济特征的问题,并把社会、政治和技术因素视为不变的框架,分析多利用模型和函数。而马克思主义政治经济学的出发点是作为整体的社会,强调人类社会的经济、社会与政治各方面的不可分离性。马克思主义政治经济学的方法是辩证法,强调对立面的对抗与矛盾,并把它作为理论研究的核心,把社会阶级之间的对抗关系作为解释社会在历史中变化的中心理论,其研究范围是大幅度的社会变化。而新制度经济学和新自由主义在新古典经济学的基础上更加强调产权的私有化和自由市场的作用。

对于新古典经济学、新制度经济学和新自由主义在农业问题分析中的缺点,黄宗智给予了一贯的批判。他认为经济学的这种分析脱离中国实际,把中国的现实想象为向理想化的"发达国家"的"转型"和"过渡",既忽视其社会矛盾的一面,也错误地把其经济成效简单归因于产权私有化、

① 弗兰克·艾利思.农民经济学:农民家庭农业和农业发展[M].胡景北,译.上海:上海人民出版社.2006:49-50.

市场化和资本主义化(黄宗智,2012b)。除此之外,经济学从追求利润最大化的理性经济人假设出发,以一系列完备假设为前提的分析其实是排除社会性影响因素、不考虑社会性后果的理论研究。在此视野下,文化影响不存在,结构限制不存在,群体目标或家庭目标不在考虑范围内,行动的多元化意义不存在,行动的多样化结果也无意义。这些分析不仅依据的是西方理论,更是以理论为主导,而脱离中国的具体实情,从而在分析中缺乏本土化的转化和接地气的透彻分析。如此分析其实对于当下中国面临的复杂的“三农”问题以及城乡问题的分析和解决帮助不大,我们需要进行本土化的理论建构和研究。马克思主义政治经济学对对抗与矛盾的关注、对社会整体及社会各部分不可分的强调、对整体社会变化的关注,以及后来从马克思主义政治经济学延伸的农民分化视角,对分析当今的“三农”问题具有重要意义。

对小农、家庭农场和资本主义式的大农场的分析不能仅停留在基于模型的投入产出的经济效益上,小农、家庭农场和资本主义式的大农场的经营是在一定现实限制下进行的,对其经营过程、经营效益以及社会性效益的考察需要结合中国社会现实以及当地具体实情进行,而不是从理论建构出发再到理论模型的自我验证。三者之间的差异也不仅是经营规模和经营效益的差异,不同的经营方式代表农业不同的组织形式和农村社会不同的组织形式,代表不同社会目标的实现,其中包括不同的利益目标群体,更代表着中国农业不同的发展方向及产生的不同社会性后果。所以除了经济效益外,对三种经营方式产生的社会性效果、政治性后果的考察同样重要。而对农业经营适度规模的确定,同样需要考虑以上限制和后果。

第二节 家庭农场的再定义

2008 年中共十七届三中全会作出了推动土地流转、实现土地适度规模经营的决定。2012 年党的十八大报告进一步提出要培育新型经营主体，发展多种形式规模经营，构建集约化、专业化、组织化、社会化相结合的新型农业经营体系。农地规模经营被作为实现我国农业产业结构调整和农业现代化的重要手段，近几年在各地方得到积极推进和实践。农地规模经营也成为学术界关注的热点问题。同时，随着中央一号文件和十八大报告提出发展家庭农场，将其作为规模经营的主要经营形式之一，家庭农场成为学界研究的热点，也成为地方政府农业改革实践的一部分。

按照农业农村部的定义，家庭农场通常是指以家庭成员为主要劳动力，从事农业规模化、集约化、商品化生产经营，并以农业收入为家庭主要收入来源的新型农业生产经营主体（史博臻，2013）。但这种定义的背后仍有对美国工业化大规模经营模式的想象图景（黄宗智，2014），即与大规模经营区别不明显。同时，农业农村部并未给出家庭农场具体规模的范围，并再次强调了规模化、集约化和商品化，而地方政府在实际推行中，为突显政绩、好管理等，仍旧把推行大规模农场经营当作是发展家庭农场的主要方式，导致大规模农场经营被进一步强化。此后农业农村部对家庭农场的含义作了进一步强调：第一是农业户籍，第二是适度规模，第三以家庭成员为主，第四主要收入来自农业。在一定程度上理清了此前的这种混乱。

农业农村部对家庭农场内涵的补充，很好地明确了家庭农场的形式和定位。按此定义，家庭农场与初期的大规模农场经营的本质区别在于：家庭农场强调以家庭为经营单位，以家庭成员为主要劳动力，并以增加家庭收入为目标，而不再强调企业和大资本的作用。农业农村部对家庭农场的强调其实是对初期模糊的规模经营政策的清晰化和明确化，也是对初期以资本来带动大规模农场经营的一种修订。但在主流意识形态中以及各地的实践中，家庭农场似乎与一定的规模经营不可分，在学界以及地方实践中，对家庭农场的定义和内涵却仍是模糊和不明确的，这不仅不利于家庭农场理论的发展，更不利于地方政府实践的推行。我们通过对家庭农场定义及其研究的历史梳理以及变化的考察，来明确家庭农场的定义和内涵，以澄清大规模农场经营与家庭农场经营本质上的差异。

一、家庭农场的经典研究

家庭农场以农户家庭经营为组织形式，其经营特点、经营策略以及强生命力首次得到详细阐明，应是在俄国恰亚诺夫对俄国小农的研究中。在恰亚诺夫的研究中，家庭农场被作为与资本主义企业农场相对应的一种农业组织形式而提出，故对其经营策略和经营逻辑的阐述是在与资本主义企业农场的对比中被阐明的。而资本主义企业农场的经营逻辑恰恰是代表主流经济学对农户经济的理解和阐释，所以恰亚诺夫的研究就具有了一种划时代的意义，其开创了与主流经济学研究不一样的农民研究模式，此模式因对小农经济的洞察力和对广大发展中国家状况的强解释力而获得了生命力。

恰亚诺夫阐明，农民家庭经营作为一个家庭农场，既是一个生产单位，也是一个消费单位，故其不像资本主义企业。农民家庭是为了生活而工作，而不是为了利润，所以既会考虑收益也会考虑消费需要。家庭农场决策不是依据利润最大化，而是追求家庭消费的边际盈余与家庭劳动应用“辛苦”的边际变化之间的主观个人平衡的结果。故家庭农场的规模与家庭人口、家庭能力等直接相关，因家庭规模的大小而变，同时为了满足家庭消费需求，家庭农场可以投入企业无法接受的劳动力投入量，即家庭劳动的“自我剥削”，而不会计算劳动力和劳动时间的成本和收益（恰亚诺夫，1996）。

恰亚诺夫把家庭消费作为重要变量纳入家庭农场经营决策中，对于小农经济来说，家庭消费占据了农民家庭生产和家庭生活的大部分，如此，家庭农场的经营就不是只考虑利润、追求利润最大化的企业决策模式，而是考虑了家庭消费的家庭模式。从其对家庭农场的阐释我们可以发现，在恰亚诺夫对家庭农场的界定中，家庭农场的范围仅限于农户的家庭经营，不使用雇用劳动力，生产的重要目的是为了家庭消费，农场规模取决于家庭人口的经营能力。

作为一种挑战和质疑新古典经济学追求利润型农民假设的理论，我们可以把恰亚诺夫的农民分析模型中的农民称为劳苦规避型农民，而对新古典经济学这种理论假设提出质疑和挑战的还有另一种分析模型，即风险规避型农民。对于风险规避型农民，可从斯科特的《农民的道义经济学》中寻找阐释。斯科特认为“安全第一”原则是农民的生存逻辑，这使农民为规避经济灾难而不愿冒险追逐平均收入最大化，这种生存伦理植根于农民社会的各种经济实践和社会交易中，“安全第一”原则也体现在前资本主义农民秩序的许多技术的、社会的和道德的安排中，这种生存伦理和原则影响着农民家庭的经济决策和社会行为，如不愿冒险种植更多的经济作物、能忍受的剥削程度不是被拿走了多少而是还剩余多少等①。当然斯科特理论的前提是农民处于生存边缘的困境中，但不管风险规避是生存的必需还是一种选择，风险规避行为对资源的最优利用都是有影响的。农民家庭的经济决策会受规避风险影响的事实，在越来越多的经验研究中被证实(弗兰克·艾利思，2006:107)。

二、国内早期家庭农场的研究

国内早期对家庭农场的研究多是对明清时期的家庭农场的研究，沿承了恰亚诺夫的家庭农场定义和分析模式，并结合中国具体情况，侧重于对农民家庭经营的组织形式和经营策略的考察，在此基础上来阐明中国家庭农场经营维系的机制和优势。其中有代表性的如马若孟、曹幸穗、黄宗智等对明清及民国时期家庭农场的论述，他们从不同的方面对恰亚诺夫的家庭农场理论进行了补充或完善。

(一) 家庭生计策略的纳入

马若孟对清末中国农民家庭农场的研究以户为单位，围绕农户对劳

① 詹姆斯·C. 斯科特. 农民的道义经济学:东南亚的反叛与生存[M]. 程立显，刘建，等，译. 南京:译林出版社. 1976:1-36.

动力、资本、土地的利用和配置来理解农民家庭农场的经营和活动。马若孟认为典型的家庭农场包括丈夫和妻子、一两个子女和一个老人，每个家庭的人数和农场面积之间有一种相当密切的关系①，即也是不雇用劳动力的家庭经营。他还认为一个家庭既包括生产者又包括消费者，家庭农场的面积随家庭生产者-消费者比例的变化而变化，在 20 世纪 30 年代，一个农户要有 25 亩耕地才能完全依靠农业收入维持一家五口的生活，而土地的获得是有限制的，农户家庭为维持生计有两种途径，一是租入更多土地，二是家庭劳动力的农外就业，采取何种途径是基于对家庭劳动力资源进行最大限度地配置和利用，以达到家庭收入的最大化，其中对家庭劳动力资源配置是对劳动的艰苦度以及风险进行权衡的结果②。马若孟继承了恰亚诺夫对家庭消费影响的分析，同时引入家庭生计决策的分析，在一定程度上扩展了恰亚诺夫的小农分析模型。

同时，马若孟对家庭农场规模问题的研究，对于我们今天研究家庭农场也具有重要意义。即通过分析三个村庄的资料发现，家庭农场超过一定的面积后，每单位面积耕地的收入就开始下降，农作物产量也不会随着农场面积的扩大而持续上升，但开始下降的农场面积临界值却随各地具体情况而有所不同③，这对我们今天考察农地经营的适度规模问题具有重要的启发意义。

虽然马若孟对家庭农场的定义和考察与恰亚诺夫的相似，仅局限于家庭人口限度内的经营面积的经营活动，且他也认为家庭消费、家庭人口会对家庭决策产生影响，但其对家庭农场的研究除了上述的扩展外，也有明显不同于恰亚诺夫之处。在恰亚诺夫的理论假设中，每个家庭都可以

---

① 马若孟. 中国农民经济:河北和山东的农业发展，1989—1949[M]. 史建云，译. 南京:江苏人民出版社. 1999:141-142.

② 马若孟. 中国农民经济:河北和山东的农业发展，1989—1949[M]. 史建云，译. 南京:江苏人民出版社. 1999:145-155.

③ 马若孟. 中国农民经济:河北和山东的农业发展，1989—1949[M]. 史建云，译. 南京:江苏人民出版社. 1999:191-196.

自由获取土地，播种面积的大小依赖于家庭规模而不是受限于家庭规模。但在现实中，土地很多时候是制约农户家庭决策的首要因素，土地并不能无限度或者无限制获得。马若孟的研究则强调了后一种情况，即土地的限制对农户家庭决策的影响。在此基础上，马若孟强调了农外就业对家庭农场经营和家庭决策的影响，强调家庭生计策略与农场经营策略的不可分性，并提出了风险在这个决策过程中的作用，这为家庭农场经营研究开启了另一扇窗，即将家庭生计策略纳入家庭农场经营之中，这种关注对我们今天研究中国的农民更具有现实意义。

其实恰亚诺夫并没有忽视农业外经济活动（包括手工业和商业）对家庭农场经营的影响，只是当时其所掌握和利用的资料无法充分展示这两者之间的关系，故而仅做了简要陈述。而把这两者关系通过案例进行充分展示和说明的，是黄宗智对清末民初华北和长江三角洲小家庭农场经营的研究和论述。

（二）资源配置与规模限制的引入

黄宗智对家庭农场的定义中引入了“雇用”变量，从而使“家庭农场”作为与“经营式农场”相对应的概念而被提出，两者的区别即在于雇用劳动力的情况。家庭农场无论是贫穷的还是较富裕的，主要都是依靠自家劳力耕作，而经营式农场则是依赖雇用劳动力经营的较大农场（黄宗智，1986:66）。黄宗智强调这种区分是为了说明家庭农场不可能解雇其本身过剩的劳动力，而经营式农场则可以，这种区别是其解释家庭农场与经营式农场谁将胜出的关键。正因为家庭农场不可能解雇其本身过剩的劳动力，而这些劳动力却是总要消费的，所以它可以做到两种经营式农场无法作出的策略，即为了生存需要而在土地上继续投入过多的劳动力，逻辑上直到其边际报酬下降到近乎为零（这主要是华北家庭农场的情况），或者用家庭辅助劳动力去从事报酬极低的手工业等副业（这主要是长江三角洲家庭农场的情况），而经营式农场因雇用劳动力需要付出相对高得多的成本，是无法这么做的。这两种策略都使家庭农场比经营式农场能接受更高的地租，从而使家庭农场打败经营式农场，所以虽然在经营上，经营式农场因能调节劳动力和土地及其他资源之间的配置而胜过小家庭农场，但也不能逃脱被淘汰的结局（黄宗智，1986，1992）。即小家庭农场的这种胜出是以其劣势为武器而实现的，这需要以当时的高度人口压力和农外就业的低可能性为条件。

黄宗智的这种区分和解释对分析今天中国农村“半耕半工”的农民家庭经济很有帮助，但黄宗智所定义的经营式农场与恰亚诺夫的资本主义企业农场和今天中国正在推进的大规模农场是不同的。恰亚诺夫认为，家庭农场与资本主义企业农场的区别从经营动机开始，不同动机使它们组织经营的方式有本质差异，前者主要为满足家庭消费需求，而后者主要是获取利润，于是资本主义企业农场会在特定的价格水平上以最优方式组合各生产要素，并不受规模限制，是大资本逻辑，其经营基本不再受家庭限制。而黄宗智认为，经营式农场主的家庭成员通常都参与劳动，其规模的变动仍受家庭成员变动的影响，尤其很容易因农民家庭的分家而重新沦为家庭小农场，其经营规模也受家庭规模限制，很难达到200亩以上，因为一旦超过200亩，就容易超出家庭成员管理的范围，便不能实现很好的盈利（黄宗智，1986），而这些限制对于大资本逻辑的资本主义企业式农场来说是不可想象的。

黄宗智所说的经营式农场虽使用雇工，但其实仍是一种农户家庭式经营模式，其还是不同于大资本逻辑的企业经营，某种程度上说仍是家庭农场，只是因规模更大了些，从而有能力跳出家庭消费需求的限制，有更多余力和余地去考虑更优的资源配置策略、去追求更高的利润。换句话说，如果家庭小农场也能把规模扩大至一定程度，且不超过小农家庭经营能力的范围，也能具有黄宗智所指出的经营式农场的资源配置优势及最高规模限制，即小家庭农场与经营式农场不是经营方式的区别，只是经营规模的区别而已。

（三）最优规模问题的考察

马若孟与黄宗智的研究对恰亚诺夫的研究都有扩展和完善，但并未对家庭农场具体经营机制作详细阐述，对于这个空缺，曹幸穗的研究进行了很好的补充。曹幸穗对不同规模家庭农场的资源配置和经营效益进行了详细分析，对家庭农场规模效应的内在机制进行了详细论述，这对今天讨论家庭农场的适度规模问题意义重大。曹幸穗对家庭农场和经营式农场的区分基本沿袭了黄宗智的，只是他所研究的地方是明末清初的苏南地区，因种植模式不一样，苏南地区的家庭农场更多雇用劳动力，但他仍强调家庭农场是以家庭劳动力为主。曹幸穗发现，虽然家庭农场的规模都在 40 亩以下，但不同规模的家庭农场生产要素的配置差异极大。从农具使用方面看，20 亩以上的较大家庭农场最为经济，其能协调地、及时有效率、充分地使用农具，从而提高劳动效率并降低生产成本；较大家庭农场能比较充分地利用传统生产要素来组织生产，如能对劳动力和耕地资源进行优化配置而较少承受剩余劳动力的堆积。从农业劳动生产率角度考察，在传统农业生产率水平条件下，苏南农村也是以每户经营耕地 20 亩左右最为经济。同时曹幸穗还发现，较大家庭农场的土地生产率要高于小家庭农场，产量最高的是经营面积为 20 亩以上的农户①。

曹幸穗的分析以及对家庭农场最优规模的确定，是以当时苏南的农业劳动力生产率水平和社会条件为基础的，不太适合今天的家庭农场，但他并不把是否雇用劳动力作为定义家庭农场的关键要素，且他从当时当地的现实条件出发，通过资源配置、要素利用、劳动生产率、土地生产率等多方的综合考察，来探讨家庭农场最优规模，而不是从数学模型来得出结论的方法值得我们今天学习借鉴。

三、家庭农场内涵的变异

国内早期对家庭农场的研究中，对家庭农场的定义虽略有差异，分析的强调点也有所不同，但对家庭农场含义的理解以及分析框架，都基本遵循了恰亚诺夫的经典小农理论中对家庭农场的定义和分析传统。这些研

① 曹幸穗. 旧中国苏南农家经济研究[M]. 北京：中央编译出版社. 1996：101-130.

究强调家庭农场经营中家庭劳动力的自我利用甚至自我剥削，并不关注家庭农场的雇用劳动力方面问题；强调家庭农场经营规模的小型化，甚至多数时候家庭耕地面积严重不足。而家庭农场经营最重要的特点，也是其区别于资本主义企业农场的本质，即经营目标主要是为满足家庭消费和继续家庭生产，而不是获得盈利。由此产生的家庭农场的经营决策以及经营组织方式，不同于新古典经济学的理性经济人假设和资本主义企业的经营逻辑。恰亚诺夫以及国内早期对家庭农场的这种定义和分析框架，并不太符合后来规模经营意识形态主导下所倡导的家庭农场经营，这体现在改革开放后各学者对家庭农场的定义和内涵的阐述中。

在我国提出发展家庭农场之前，学界已有关于家庭农场的论述。如房慧玲认为，所谓家庭农场，就是适应现有生产力水平与市场要求进行专业化生产，进而形成适度规模经营的农业种养的农户企业（房慧玲，1999）；黎东升和曾令香进行了更全面的定义，即家庭农场是以农户家庭为基本组织单位，面向市场，以利润最大化为目标，从事适度规模的农林牧渔的生产、加工和销售，实行自主经营、自我积累、自我发展、自负盈亏和科学管理的企业化经济实体（黎东升，曾令香，2000）；朱博文从组织的角度对其进行了简单的定义，即家庭农场是我国农地经营体制创新而实现适度规模经营的一种新型经济组织形式（朱博文，2005）。关付新将家庭农场的制度特征归纳为市场化、专业化、社会化，而将家庭农场的组织特征概括为现代化技术、规模化经营、企业化管理和现代化农民（关付新，2005）。对家庭农场的定义还很多，傅爱民和王国安对这些定义进行了很好的总结和概括，即家庭农场的定义起码包含两方面含义：一是以家庭为单位组织生产，二是通过适当规模经营来实现企业式的管理和目的（傅爱民，王国安，2007）。

在2013年中央文件倡导发展家庭农场经营后，学界以及地方政府实践中对家庭农场的定义和内涵的理解也基本沿承了2013年之前的传统。如高强等认为家庭农场是以家庭经营为基础，融合科技、信息、农业机械、金融等现代生产因素和现代经营理念，实行专业化生产、社会化协作和规模化经营的新型微观经济组织，其主要特征是家庭经营、适度规模、市场化经营、企业化管理（高强等，2013）。朱启臻等指出，家庭农场是指以家庭成员为劳动力、以农业收入为主要来源的农业经营单位。家庭农场包含四个方面的特征：一是具有一定规模，区别于小农户；二是以家庭劳动力为主，区别于工商资本农场的雇工农业；三是强调稳定性，区别于承包农民土地的短期行为；四是要进行工商注册，家庭农场是农业企业的一种，不同于承包大户、专业户的大规模农场等，只有注册为家庭农场，才能便于识别以及接受政府管理与获得政策支持①。当然在这些主流定义之外，也有不同定义，如黄宗智虽然也积极主张中国农业的未来在于发展家庭农场，但他对家庭农场的定义仍是坚持其最初的小家庭农场定义，也类同于贺雪峰的"中农"概念（黄宗智，2014）。

通过这些定义我们发现，现在对家庭农场定义和含义的理解，虽然仍强调以家庭劳动力为主或强调家庭经营，但更强调家庭农场的规模性、盈利性或者说市场性，甚至经营的企业性，这与古典家庭农场的定义和含义已大不相同。古典家庭农场的定义和含义更强调其经营动机与资本主义企业农场的不同，恰恰是因为这种不同，家庭农场的经营策略和经营机制具有了独特性，即经营的小规模性、非市场性、经营逻辑和组织方式的家庭性而非企业性。如果按照现在这种定义，更强调家庭农场的盈利性和经营的企业性，我们会发现在实际的分析中很难将其与恰亚诺夫所说的资本主义企业农场相区别，也无法与今天资本式的大规模农场相区别，也就无法区分家庭农场的经营机制与资本主义大农场的经营机制之间的差别，没有这个前提，也就无法阐明家庭农场经营机制的独特性及其优势，这其实造成了家庭农场定义的含糊和混乱，不利于突出家庭农场的优势，也不利于指导实践。在地方政府的实践中，对家庭农场的推行也是模糊混乱的，并未明确区分家庭农场与企业式大农场。

---

① 朱启臻，胡鹏辉，许汉泽．论家庭农场：优势、条件与规模[J]．农业经济问题，2014(7)：11-17.

四、总结与重新定义

今天中国农村的实际情况以及农业改革的需要不同于恰亚诺夫当时研究的俄国农村，也不同于中国明清时期的农村。如因大量的农外就业，使恰亚诺夫的研究结论和对中国明清时期家庭农场的研究结论得以成立的重要条件，即人口压力已基本不存在，农民的吃饭问题和生存问题已不再是首要问题，土地制度也发生了根本变化。随着这种外在因素的变化，家庭农场的家庭策略、发展的限制因素等都发生了变化，以往的分析已不适合于今天的家庭农场的研究。但家庭农场内在经营机制的有效性却是不变的，这也是今天家庭农场在全世界大量存在以及政府倡导发展家庭农场的原因之一，家庭农场优势的发挥需要保持其特有的经营机制。所以，即使今天的实际情况需要对家庭农场的发现提出新的要求，但对家庭农场的定义和基本含义的确定却不能离其宗。

结合古典家庭农场定义的基本要素和当今中国现实社会条件的变化，以及家庭农场的发展需要，综合农业农村部确定的家庭农场的基本含义和实际中家庭农场的发展形态，本书将家庭农场定义为以家庭劳动力为主，以家庭为单位组织生产，家庭主要收入来自农业，以家庭收入最大化为经营目标。这个定义还包含着以下几点含义。

第一，并不强调不雇用劳动力。是否雇用劳动力不是家庭农场与资本主义企业农场的本质区别，而在于家庭农场的家庭成员是否参与劳动，以及是以家庭劳动力为主还是以雇用劳动力为主。如曹幸穗发现，清末苏南的家庭农场即使规模很小，也需要雇用一定日工来助其完成生产(曹幸穗，1996:109)。雇用劳动力有时是特定生产条件所需，是辅助家庭劳动生产的必需，如一个家庭农场只种植 10 亩西瓜，其他所有环节都不需要雇工，但收瓜、卖瓜环节也需要雇一两个工人。因此，不能通过是否雇工来判断家庭农场是否具有剥削性质或企业性质，也不能通过雇工来判断其耕种规模是否过大。

第二，并不强调一定是小规模经营，但其规模具有限制性。即使是家庭经营，其经营规模也只有达到一定程度才能实现家庭劳动力、家庭经营能力以及家庭其他资源的有效配置和充分利用，即达到黄宗智所说的经营式农场的经营优势和曹幸穗的“20亩以上最经济”的效果（黄宗智，1986；曹幸穗，1996）。其实黄宗智的经营式农场才是家庭农场的正常形态，即不用忍受“内卷化”带来的低效率和低收益，而今天的中国农村能提供这样的条件。虽然曹幸穗的20亩是当时条件下的规模界限，但这个发现的更大意义在于：认识到家庭农场发挥最大效益需要具有一定规模性。但家庭农场的规模并不是无上限、越大越好，否则便无法实现其本质含义（即以家庭为单位组织生产、以家庭成员为主），也就无法与资本主义企业农场区别，也就丧失了其作为家庭农场的优势与内涵。

第三，不是具有保守性而是具有冒险性。家庭农场已很少受维持家庭生计压力的影响，其经营已具有一定的资金基础，不再是小农的维系性经营，而是追求家庭收入的最大化，所以具有一定的冒险性，有更多余地和余力进行经营性投资，更有能力和动机推进机械化生产、引进新技术，更具有创新性和改革性。

第四，生活的中心在于农业经营。农业农村部的定义中强调家庭农场的农业户籍以及收入来自农业，这其实是强调家庭农场的生活中心在于农业经营的一种量化和操作化。这一点对于现阶段改革主要强调农业经营来说，看起来似乎意义不大，但其对于农民、农村和农业的未来意义重大。强调家庭农场的生活中心在于农业经营，旨在防止金融投机、房地产投机、大资本等对农业和农村的侵蚀，有助于保护真正从事农业经营者的利益，也有益于农业长久持续的发展；同时，强调家庭农场的生活中心在于农业经营，对于农村社会的整合与繁荣、农民生活的稳定也具有重要意义，如发挥贺雪峰所论述的“中农”和黄宗智所论述的“家庭农场”的社会性意义。

第三节 研究目标和方法

一、研究目标

在以上的总结和定义的基础上，本书的研究目标集中在以下四个方面。

第一，当今农村兴起的家庭农场的内在经营机制及优势是什么？其与古典家庭农场的经营机制又有何不同？

第二，对家庭农场的发展来说，现在存在的有利条件和限制有哪些？比如对家庭农场经营尤为重要的人口条件、土地条件等。

第三，明确家庭农场经营、小农户经营、大规模农场经营的联系与区别。

第四，对家庭农场发展的社会性意义的考察，将在与大规模农场经营所产生的社会性后果的对比中加以明确。

二、研究方法

研究方法主要采用个案研究和比较研究两种方法。中国南北气候条件、自然条件差异大，种植结构以及土地资源分布也存在较大差异，这就决定了在这些不同条件下家庭农场的形成条件、家庭农场形态尤其是适度规模的界定等会存在较大差异。但无论形成条件与具体形态如何，家庭农场的内在经营机制是一样的，这是由家庭农场的本质所决定的。为明确家庭农场的这种共同本质，对不同地区不同形态家庭农场的考察是必要的。但要深入理解考察家庭农场的经营机制，不仅需要以上的比较，更需要对家庭农场进行个案的深度剖析。

三、概念厘定

对于本研究中几个将要出现、容易出现混乱的关键概念，我们在这里进行厘定和清楚交代。首先是家庭农场，对其含义我们采用第二节内容中对其的界定：以家庭劳动力为主，以家庭为单位组织生产，家庭主要收入来自农业，以家庭收入最大化为经营目标。其次，与家庭农场相对应的概念是大规模农场。在本书中，大规模农场是与家庭农场相对应的一个概念、一种农业组织形式，所以，其与家庭农场的区别不在于具体的经营规模的差别，而在于两者组织形式的差别，亦即恰亚诺夫所说的资本主义企业式农场，其特点是以资本投入为基础，以雇用劳动力为主，以企业经营方式组织生产，追求投资回报，以追求利润最大化为经营目标。最后，书中出现的大规模经营者、大户等概念与大规模农场经营者同义，只是按调查地当地的习惯以及写作方便而偶尔采用。

四、调研地点

因各地家庭农场发展的时间、程度、形态并不一样，为了便于比较和研究，将整合各调查点资料进行分析。资料来源于作者从 2010 年到 2014 年 5 年间，在内蒙古自治区、山东省、安徽省、湖北省和广西壮族自治区的驻村调研记录，每个点的驻村调查时间至少 15 天，其中，在广西壮族自治区对两个调研点进行了调研，安徽省的调研点因实行比较早，具有代表性，故从 2010 年至今进行了跟踪调查。各调研点的具体情况如表 1-1所示，图 1-1 至图 1-5 为所调查村庄的实景。

表 1-1　调查点情况汇总

调研地点	种植结构	主要作物	调研天数
内蒙古自治区 H 村	一年一季	玉米、土豆	20 天
山东省 S 村	两年三季	玉米	15 天
安徽省河村	一年两季	双季稻	25 天
湖北省 G 村	一年两季	双季稻	15 天
广西壮族自治区 C 村	一年三季	水稻、桑蚕	15 天
广西壮族自治区 Y 村	一年三季	水稻、脐橙	25 天

图 1-1 调查村庄实景 1

图 1-2 调查村庄实景 2

图 1-3　调查村庄实景 3

图 1-4　调查村庄实景 4

图 1-5　调查村庄实景 5

第二章 家庭农场的本土性实践

在中央提出规模经营和发展家庭农场后，学界关于农地规模经营和家庭农场的研究很多，在实际的推进中，发展家庭农场一定要区分其与大规模农场经营的本质差别，做到因地制宜。

第一节　家庭农场的经营策略及其优势 ——基于安徽省个例的跟踪调查

在中央提出规模经营和发展家庭农场后，学界关于农地规模经营和家庭农场的研究很多，但很少有关于两者之间关系的澄清和说明。而在实际的推进中，地方政府更是很难区分两者之间的差异，多是鼓励土地大规模的流转和经营，很少有针对规模经营的前置条件“适度”的具体操作。最近有学者呼吁，发展家庭农场一定要区分其与大规模农场经营的本质差别，前者强调“适度规模”，后者强调“规模化”，这种差别会导致生产组织方式的不同，而中国的国情适合发展“适度规模”的家庭农场，而不是大规模农场经营（黄宗智，2014）。该学者主要通过理论研究以及文献研究得出此结论，并未论及家庭农场的具体经营优势，而现阶段对于家庭农场优势的研究，也多从发展家庭农场的条件、家庭农场本身所具有的特性等角度进行论述（高强等，2013；朱启臻等，2014），少有从实践层面，从家庭农场的具体运作过程来讨论其优势。

本节通过对安徽省某地土地流转的跟踪调查，追踪其由大规模农场经营自发转向家庭农场经营的过程，考察大规模农场经营具体的经营策略和失败的原因，以及家庭农场经营的具体策略和优势，从两者的对比中明确家庭农场的经营优势。

之所以选择安徽省河村，是因为河村所在县从 2008 年便开始了土地平整和流转并进行规模经营，开始的时间比较早，通过追踪调查可考察其规模经营的效果。不仅如此，通过追踪调查发现，其规模经营的历程很好地反映了由政府倡导的大规模经营，自发向适度规模的家庭农场发展的过程，为我们对大规模经营和家庭农场经营进行比较提供了很好的案例。同时，河村的土地流转也比较有特色，虽是在政府的动员推动下进行的，但政府也充分尊重村民意愿，保留了不愿进行土地流转而仍继续经营自家承包地的农户小规模经营，于是出现了在同一村，大规模农场经营、家庭农场经营、农户小规模经营并存的现象，这为比较三者的经营机制、经营效果提供了条件，也为分析三者之间的互动和冲突提供了背景。

一、个案概况及家庭农场的形成过程

（一）大规模经营者入驻

河村位于安徽省中部，属长江中下游，是传统的水稻种植区，一年两熟。河村所在 F 县 2008 年开始进行大规模的土地整治专项行动，2009 年春开始，乡镇开始对外进行土地发包，截至 2012 年 11 月底，F 县耕地流转总面积达到 6.76 万亩①，占农民承包经营耕地总面积的 50.2%。河村总人口为 2307 人，有 19 个村民小组。河村也于 2008 年进行了土地平整，平整的目的是要达到"田成块、路相通、渠相连、林成网、旱能灌、涝能排、适应机械化耕作"的现代农田格局。土地整理后便立即进行了土地流转以实现土地的规模经营。2009 年春天，全村 3500 亩耕地中的 3130 亩承包给了 4 个大户（大规模农场经营者），剩下的 370 亩仍由本村几十个农户家庭经营。2009 年春河村土地规模经营承包的基本情况如表 2-1 所示。

表 2-1　2009 年春河村土地规模经营承包的基本情况

承包人	承包面积/亩	承包人概况	年租金/亩	是否本村人
许某	1100	F 县盐务局工人，个体老板	400 斤粳稻	否
谷某	1100	粮食小型加工厂老板	400 斤粳稻	否
陈某	730	F 县农机经销商老板	400 斤粳稻	否
张某	200	粮食加工厂小老板	400 斤粳稻	否
总面积	3130	—		

（二）大规模经营者的分化

到 2010 年秋笔者第一次调查时为止，4 个承包大户通过转包、分家

① 因农业生产习惯性需要，本书中保留"万亩""亩"等单位名称，不更改为国际标准单位。

出现了规模趋小化的现象，许某的 1100 亩又转包出去近 500 亩，自己只剩约 600 亩，因为 1100 亩太大，经营不过来，即使这样也已连续两年亏损。谷某本是和别人合伙承包的 1100 亩，现在也分家各自单干，但也是连续两年亏损。陈某同样表示要退出，承包 200 亩的张某虽未亏损，但也仅获微利。表 2-2 是 2009 年春到 2010 年秋 4 个承包大户的分化及经营情况。

表 2-2　2010 年秋河村土地规模经营承包户的分化及经营情况

承包人	2009 年春的初承包面积/亩	经营情况	2010 年转包、分干情况/亩	
许某	1100	两年亏损 30 多万元	许某	610
			汤某	190
			杨某	300
谷某	1100	两年亏损 7 万～8 万元	谷某	500
			左某	200
			杨某	200
			周某	200
陈某	730	亏损 20 多万元	陈某	730
张某	200	微利	张某	200
总面积	3130	—	3130	

（三）家庭农场经营形式的形成

到 2012 年冬再次调查时为止，河村的规模经营情况发生了进一步的变化，经营规模进一步趋小化，形成了典型的以 100～200 亩为核心的家庭农场经营形式。新起的家庭农场主并不是之前坚持不流转土地而自己经营的小农户，而是相对比较年轻、有一定经济实力的村庄精英。表 2-3 是到 2012 年冬调查时为止，河村规模经营土地承包情况。以前的经营大户都将自己承包的大规模土地进行了转包，而二级转包下还有三级转包，土地的经营规模最终基本在 200 亩左右，经营形式为家庭经营。无论是一级承包户还是二、三级承包户，都把规模维持在 200～300 亩，形成了 13 个家庭农场，其中经营规模为 200 亩的有 13 个，经营规模为 300 亩的有1个，另外还有2人共同承包730亩，每人平均也是365亩。这种家庭农场经营形式一直维持至今，经营状况良好。

表2-3　2012年冬河村土地规模经营承包户的分化情况

<table>
<tr><th colspan="2" rowspan="2">2009年春
一级承包/亩</th><th colspan="2">2012年冬</th></tr>
<tr><th>二级承包/亩</th><th>三级承包/亩</th></tr>
<tr><td colspan="2" rowspan="5">许某1100</td><td rowspan="2">张某等4人500</td><td>钱某300</td></tr>
<tr><td>王某200</td></tr>
<tr><td rowspan="3">张某等5人600</td><td>石某200</td></tr>
<tr><td>李某200</td></tr>
<tr><td>张某200</td></tr>
<tr><td rowspan="6">谷某1100</td><td rowspan="3">谷某500</td><td>王某100</td><td>吴某100</td></tr>
<tr><td>刘某200</td><td>高某200</td></tr>
<tr><td>张某200</td><td>郑某200</td></tr>
<tr><td>杨某200</td><td colspan="2" rowspan="3">—</td></tr>
<tr><td>左某200</td></tr>
<tr><td>周某200</td></tr>
<tr><td colspan="2">陈某730</td><td>沐某等2人730</td><td rowspan="2">—</td></tr>
<tr><td colspan="2">张某200</td><td>尹某200</td></tr>
</table>

二、大规模经营亏损原因分析

（一）经营收益的差距

从农户和大户给出的成本收益计算中，可发现大户经营失败的原因以及农户家庭经营的优势，参照表2-4。表2-4是2010年秋，综合了几个大户和多个小农户的投入产出后所列的略表[①]。通过此表可发现，如果没有政府的各种补助，靠租赁机械进行大规模经营的大户甚至是亏损的，而自己拥有机械的种植大户每亩利润也只有200元左右，这还没有计算机械的折旧费，这远远不及小农户每亩800元左右的利润。在实际访谈

① 因农业生产的特殊性，其投入产出很难精确化，我们取中间值或均值，但不影响比较。

中，大户也承认，如果没有政府的补助，很难维持经营。政府的补助包括种子补贴、机械补贴、保险补贴、规模经营的直接补贴等，每亩达一百多元。这从经验上验证了许庆等用模型计算的结果，即规模经营能实现收入增加但不一定能实现粮食增产，因为只要有利润，扩大规模就能增加收入，但在一定规模内，小农户家庭经营每亩利润大于大户的大规模经营（许庆等，2011）。

表 2-4 2010 年河村的大户大规模经营和小农户经营每亩投入和产出①

（单位：元）

作业方式	500 亩以上的大户经营				小农家庭经营
	租赁机械进行作业			自己拥有机械	早稻＋双晚
	早稻	晚稻（双晚）	合计	早稻＋晚稻	
整地＋收割	140	140	280	95	210/140*
干燥	30	30	60	20	0
运输	4.8	4.8	9.6	9.6	10
水费	15	15	30	30	20
肥料	150	150	300	300	360
种子	26	20	46	46	20
农药	100	135	235	235	200
人工费	70	130	200	140	0
土地承包费	—	—	360	360	0
总成本	535.8	624.8	1520.6	1235.6	820/750*
生产量	700	800	1500	1500	1700**
总收益	630	800	1430	1430	1620
总利润	94.2	120.2	−90.6	194.4	800/870*

注：①* 自家拥有小拖拉机；

②** 早稻 800 斤，双晚 900 斤；

③总收益的计算，按当年（2010 年）的水稻市场价：早稻 0.9 元/斤，晚稻 1.0 元/斤。

① 每个大户和小农户因习惯、地力等因素，投入与产出有一定差异，此表结合几个大户和多个小农户提供的资料取均数，同时，农业的生产投入和产出很难精确到具体数目，这里为了便于对比而有意精确化了。

大户相比小农户的劣势主要表现在成本和产出两个方面。在成本方面,大户比起小农户需要支付租金和人工费,仅此一项每亩差异就达500～560元。虽然如果按经济学的计算,农民投入的劳动力也应该作为成本进行核算,但在实际中,农民投入农业生产的劳动力很难按市场价进行核算。大户支付的劳动力成本是实实在在的现金支付,而大部分农户用于农业生产的劳动力,基本是家庭中在劳动力市场上不具有交换价值的"残余劳动力",或暂时不能参与劳动力市场的家庭劳动力。如图2-1所示,农户家庭劳动力虽已六十多岁,却还是务农好手。不存在"残余劳动力"的家庭在推行大规模土地流转前就已经把土地流转出去,而把家庭劳动力用于到市场上进行更有价值的劳动力交换了。

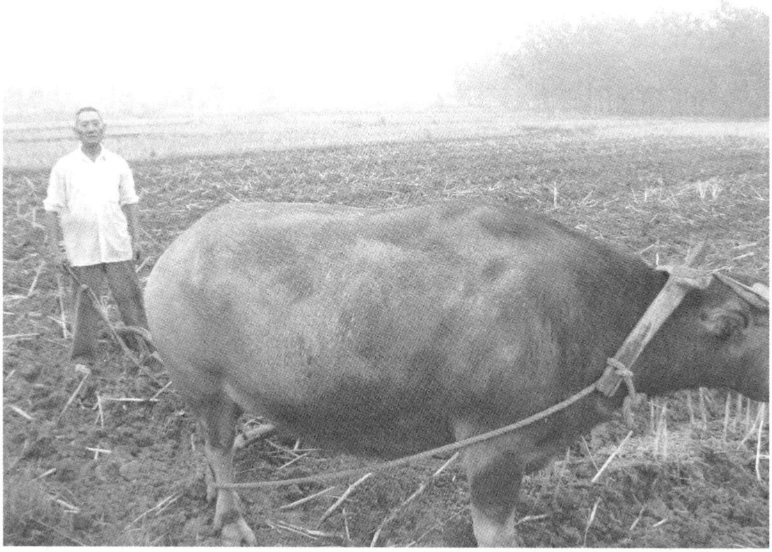

图2-1　村中六十多岁的农民在耕作

同时,小农户经营在一些细节方面也能做到更节省,比如用于稻谷干燥的成本、种子的成本以及农药的成本。农户可自家晾晒,而大户却必须借助大型烘干机,当地农户还有自己留种子的习惯。同时大户因采取粗放式经营,所用种子和农药要比农户多。大户在成本方面能做到比小农户更节省的只有机械化方面,小农户要支付更多的机械租赁费用。在产出方面，大户因采取粗放式经营（农户是精耕细作），亩产不如家庭农户，一般会比家庭农户少 200～500 斤。按许姓大户的说法："我们怎么会种得过他们（小农户），他们总在田边溜，一颗秧苗倒了都会下去把它扶正。"如图 2-2 所示，小农户在检查扎根不牢的秧苗，并将其重新插好。以上各方面差异集合起来，便产生了最终的巨大差异。

图 2-2　小农户在检查扎根不牢的秧苗

（二）风险规避能力差距

风险规避能力差是河村经营大户连续亏损的另一个原因，与其经营规模过大有直接关系。根据表 2-4 的计算，如果加上政府每亩上百元的补贴，经营大户应该是不会亏损的，但为何过去的两年大户都亏损很多呢？原因有以下几点。

首先，经营规模过大，从而影响经营大户的抗自然风险能力。2009 年雪灾，经营大户缺乏有效而迅速的途径来烘干收获的稻谷，导致已收获的稻谷烂掉，从而遭受了巨大损失，而各小农户因量小、收割快、好晾晒，并无损失。如图 2-3 所示，小农户在自家门口晾晒稻谷，但经营大户必须

图 2-3 小农户在自家门口晾晒稻谷

借助烘干机烘干稻谷。于是次年,各经营大户花百万成本配置烘干机,但如同配置的其他机械一样,这些烘干机大部分时间都处于闲置状态,利用率很低。如图 2-4 所示,经营大户置办的各种机械,不仅所耗成本大,而且利用率不足。2010 年一场大风使临近收割的稻谷倒伏,各小农户通过

图 2-4 大规模农场经营者置办的各种机械

家庭劳动力手工完成收割，并未造成损失，大户因倒伏不能使用机械收割，再加上请工难和人工费昂贵，最后大部分稻谷还未等收割就烂在了田里，如许姓大户有几百亩地完全颗粒无收而造成巨大损失。因经营规模过大，对于小农户不算天灾的恶劣天气，却能对大户造成致命打击。

其次，稳定劳动力供给不足是大户面临的另一风险。由于农村劳动力大量外流，农村劳动力供给并不充足。而大规模经营以及农业生产的特殊性，使其劳动力需求量大且时间集中，这无疑增加了大户的经营风险。在河村，早稻和双晚稻中间有一个抢收和抢播的过程，即双抢，如果错过时机，双抢失败将直接影响收成，但在双抢季很难保证足够的劳动力和配套机械。谷姓大户 2010 年部分农田晚稻颗粒无收，其直接原因就是双抢不及时误了农时，而使晚稻未能长米。如图 2-5 及图 2-6 所示，因播种不及时，来不及长大的秧苗只能荒弃在田中。

图 2-5　因播种不及时而来不及长大的秧苗

最后，资金薄弱是大户容易破产的另一个原因。进行农地大规模经营，因地租、仓库、机械等原因，前期投入非常大，后续经营因地租、人工、化肥等因素也需要大量资金。大户虽有一定资本，但储蓄资金有限，且借

图 2-6　误了农时的水稻，很难灌浆点头，收获的也多是瘪壳

贷、融资渠道有限，很难筹到资金，即使筹到资金，因农业经营的低回报率和不稳定性，其很难在短时间内回本盈利。所以连续两年的亏损对河村的各大户而言都已是致命打击，资金的薄弱性使其很难支撑到丰收年，各大户不得不放弃，许姓大户在第二年时已耗尽 200 多万元资金，且无法筹集后续资金继续经营。

三、家庭农场经营的优势分析

（一）家庭农场的经营优势

表 2-5 是 2012 年冬季综合了几个家庭农场和几个小农户的投入产出后所列的略表。通过表 2-5 可以看到，进行家庭农场经营的亩均利润仍比不上小农户经营的利润，但已经克服了大户经营利润低的问题（大户经营的利润比不上小农户经营的主要原因是其要交土地租金），亩均纯利润能达到500～600 元，如果经营 200 亩，一年的纯收益能有 10 万～15 万元，这样的收入水平是促使部分年轻农户放弃有一定收入的副业或外出打工的机会，而承包土地进行家庭农场经营的直接原因。

通过表 2-5 中的对比和对农户的访谈，我们发现家庭农场经营因保留了小农户经营的灵活性，基本消灭了大户大规模经营的弊端。家庭农场经营比起大户的大规模经营具有以下几点优势。

表 2-5　2012 年河村的家庭农场经营和小农户家庭经营每亩投入和产出对比

区　分	家庭农场经营租赁机械进行作业			小农户家庭经营
	小麦	单晚	合计	早稻＋双晚
整地＋收割/元	80	130	210	210/140*
干燥/元	0	0	0	0
运输/元	0	0	0	10
水费/元	20	20	40	40
肥料/元	110	160	270	360
种子[a]/元	72	35	107	103
农药/元	10	160	170	200
人工费/元	20	30	50	0
土地承包费/元	—	—	400～500[b]	0
总成本/元	312	535	1247～1347	923/853*
生产量/斤	600	1000	1600	1700**
总收益/元	552	1330	1882	2205
总利润/元	240	795	535～635	1282/1352*

注：①* 自家拥有小拖拉机；

②** 早稻 800 斤，双晚 900 斤；

③总收益的计算，按 2012 年市场价，小麦 0.92 元/斤，早稻 1.26 元/斤，单双晚稻 1.33 元/斤；

④[a] 种子成本比 2010 年增长数倍，一是因为种子价格大幅上涨，二是播种方式由插播改为撒播而增加了种子的所需量；

⑤[b] 因存在 2 次甚至 3 次转租，土地承包费增加并产生了差异。

1. 灵活性。家庭农场是小农户的扩大形式，因规模适度，其仍具有小农户经营的灵活性。首先，家庭农场的抗自然灾害能力强过大户的大规模经营。其次，这种灵活性体现在生产的各环节，使家庭农场经营仍能实现一定的精耕细作，亩产量虽比小农场经营低一点，但比大户大规模经营高。

2. 家庭劳动力经营的优越性。家庭农场主要靠家庭劳动力来完成生产，很少需要雇用劳动力，这使其与大户大规模经营相比有三点优势。第一，不会出现因劳动力不足而耽误农时的情况；第二，充分利用了家庭的残余劳动力，既节约了经营的劳动力成本，又提高了家庭资源利用率，河村的家庭农场主们甚至动员了亲戚中的残余劳动力来参与生产；第三，因主要是家庭劳动力参与生产，且雇工少，所以不存在或者很容易克服大户大规模经营中很难克服的劳动力监管问题。与大户相比，家庭农场不仅劳动力成本低，而且经营风险也降低了。

3. 投入少，抗风险能力强。家庭农场经营因规模小，前期投入少，后期维系资金和应急投入少，故降低了经营的风险性，增强了家庭农场经营的稳定性。河村的家庭农场，除了旋耕机，很少需要购买大型机械，靠租赁机械就可完成生产，虽需支出租赁机械费用，但减低了初期投资的负担，也减少了整体投入，并且因规模不大，租赁机械是更划算的方式。而大户为了顺利进行生产必须购买各种农业机械，投入大，但机械利用率又不高(因为农业生产具有同时性)。正因为家庭农场经营投入少、抗风险能力强，当地较富裕农户才有能力、有勇气去承包土地进行家庭农场经营。

4. 具有社会资源利用优势。家庭农场和大规模农场的生产活动都必须在村庄这个社会背景下进行。对于家庭农场，村庄是可利用的丰富社会资源；但对于大户，村庄是其经营的障碍。大户多是外来的“有钱人”，不熟悉农业生产，也不熟悉村庄，对于村庄来说，他们是外来人，在村中他们可利用的社会资本很少。相反，他们受到了村落的抵制甚至反抗，这是他们很难雇到“好工人”、很难快速适应农业生产的重要原因之一。在河村，大户与小农户间的冲突非常激烈，因用水、饲养家畜等经常发生矛盾，也因雇工、工资等原因发生冲突，大户与小农户之间的矛盾成了土地流转后河村的主要社会矛盾。大户为此付出的代价是：农作物被破坏，请工更难，工人“磨洋工”严重，等等。而家庭农场主多为当地或附近农户，有丰富的农业生产经验和广泛的社会资本，他们很少遇到“坏工人”，不会遭遇各种“为难”和“事故”，相反能动员这些资源助其完成生产。图 2-7 及图 2-8 为家庭农场经营的长势良好的庄稼。

图 2-7　家庭经营长势良好的庄稼 1

图 2-8　家庭经营长势良好的庄稼 2

（二）家庭农场的发展潜力

因家庭农场经营能维持较高的家庭收入，家庭农场经营者有足够的动力去尽可能实现收入的最大化。其扩大收入的方式一般有两种：一是扩大经营规模，二是通过技术革新。这就构成了家庭农场作为我国主要农业经营主体之一的发展潜力。

需要强调的是，对于家庭农场，扩大经营规模与技术革新两者是相互联系的，扩大经营规模以技术革新为基础，以家庭经营能力为上限，而不是盲目地增加承包面积，否则其将丧失相对于大规模农场的经营优势。根据河村的农业生产条件和技术条件，按各家庭劳动力的数量和质量（主要是技术能力、吃苦能力），各家庭经营能力上限为150～300亩，河村自发形成的家庭农场面积也印证了这一数字。这一点，通过家庭农场主自己的"算计"也能看出。当问到承包规模为什么是现在这么多时，家庭农场主的解释如下：

"如果规模更大，仅靠家里人就不行了，就需要雇用更多人，这时自己就必须脱离农业生产而专事管理，管理费事、费心、要技巧，不是所有人都搞得了的，而且雇工难也是问题。另外，如果规模更大了，就要自己买机械了，这样前期投入就太高，况且买机械并不划算，还要进行管理，那就需要更多的本钱和底子，搞不起。"

但各家庭农场主都表示，如果技术再进步些，耕种管理再熟练些，再多种一些也不是问题，200亩不是上限，但肯定不能太大。而对于为何不种100亩而是现在的亩数，农场主们给出的解释是：

"靠家里人能种200亩为什么只种100亩，而且一些必须雇工的环节（如喷药）是小组协作，小组协作完成200亩刚好，100亩的话不能让雇的人充分发挥作用会浪费劳动力（雇工成本）。"

在实践中，家庭农场主一直在努力改进技术（如引进新型农药、改善耕作方法等）以能扩大经营面积。到现在为止，河村的家庭农场主已经取得了很大成果，他们对种植结构进行了改进，由需要更多人力的早稻-双晚稻种植结构，改为更节省人力的小麦-单晚稻种植结构。将单晚稻种植由插播改为撒播（双晚不能撒播），这样虽然需要的种子增加了，但却能节省劳力和时间。同时，改撒播后，去掉了耙田环节而节省了租赁机械费用。这些努力都是为了增强家庭经营能力以扩大家庭能经营的面积。而小农户并无此动力，他们更愿多花劳动力采用插播方式去种植产量较高的双季稻。

家庭农场主的这些努力，也显示了家庭农场经营的一个重要逻辑，即家庭农场主只有在家庭经营能力增强的情况下才会试图扩大经营面积。因为经营规模一旦超过家庭经营的范围，主要通过家庭劳动力经营的各种好处就会减弱甚至消失，同时其前期投入、生产成本也会增加，还会产生家庭经营所没有的管理成本，经营风险也会大大增加，很容易陷入大户大规模经营所面临的困境，这是作为普通农户无法承受也不想承受的。家庭农场的规模取决于家庭劳动力的经营能力，几乎与家庭劳动力的生产能力等同。

家庭劳动力过剩是中国农村一直存在的情况，之前阻碍家庭扩大生产的耕地不足的因素现在通过土地流转可以得到解决，在这种情况下，如果农业生产有利可图，有资金、有能力的农户会通过尽可能扩大耕地面积来增加家庭收入。农民不会去计算也不会去追求最优投入和产出比，而是会在保证低风险的情况下追求收入最大化，只要土地报酬存在，就会去不断扩大经营规模。但是，家庭农场的投入是不计算劳动力成本的，他们会像小农户一样通过劳动力自我剥削来实现利润最大化，这就扩大了其可获利润幅度。家庭农场经营的优势有助于其成为一种稳定的经营体制，而扩大家庭经营能力的动力又会促进其不断去进行革新。

四、结论

家庭农场从本质上来说是小农户经营的扩大形式，所以其最显著特点是依靠家庭劳动力的家庭经营，力求风险最小化是其基础。但家庭农场克服了小农户经营的规模过小很难实现家庭收入增长的弊端，而且又保留了小农户经营抗自然灾害和抗风险能力强、经营灵活以及精耕细作等优点。因家庭农场能带来较高和较稳定的收入，比起小农户，追求收入最大化的目标又使其区别于小农户家庭经营，成为家庭农场扩大经营规模的动力。

同时，家庭农场追求收入最大化以力求风险最小化为前提，其扩大经营规模以家庭经营能力的增强为前提，无限扩大规模会增加经营风险、消减经营优势，因此家庭农场不会无限扩大规模。为了增强家庭经营能力，家庭农场致力于改进生产方式和引入新技术，其具有不断进行农业革新和创新的动力，以及更高的生产积极性，是最有希望进行农业创新的主力。

相对于资本投资的大规模农场经营，除了上述优势外，家庭农场还能避免农业规模经营中的劳动力监管难题，同时还具有整合利用村庄社会资源的优势。而从农业、农村发展来说，家庭农场更有利于粮食生产，也是更具稳定性的经营体制。同时，相比于资本投资的大规模经营，其另一优势在于，它不是增加了个别资本家的财富而是普遍增加了种地农户的收入，有利于农民增收和农村社会稳定。为了增强家庭经营能力，家庭农场致力于改进生产方式和引入新技术，具有不断进行农业革新和创新的动力，以及更高的生产积极性。

第二节　谁做了农场主①

国家积极倡导发展规模农场经营以及家庭农场，尤其偏好龙头企业在其中的作用，而不论龙头企业的经营、还是大规模经营和家庭农场经营，都需要一定的土地集中和规模化。中国的农户家庭在 2006 年时有 2 亿户，其中纯农业户约有 1.7 亿户，农业兼业户和非农兼业户约 3000 万户。而在 2 亿户农户家庭中，约有 577 万户的耕地为 0 亩；户耕地 0～10 亩的有 1.71 亿户，占总农户数的 85.5%；户耕地 10～30 亩的有 2430 万

① 本节利用了余练和孙新华博士提供的大量材料，特此感谢。

户，占总农户数的12.2%；户耕地30～100亩的有450万户，占总农户数的2.2%；户耕地在100亩以上的只有43万户，只占总农户数的2‰(2006年中国第二次全国农业普查)。

如此多的小规模农户一方面说明了我国耕地的零碎性和分散性，需要一定的土地集中；但另一方面也表明，在耕地总面积一定而农户数众多的情况下，只能成就部分家庭农场。是不是每个农户家庭都能发展成家庭农场？又是哪些农户成为家庭农场？成为家庭农场需要具备怎样的条件？有研究者通过实地调查，发现现在家庭农场形成的途径主要有政府推动形成、由资本投资的大规模农场破产而形成、职业农民内生形成以及由原村庄中的中农转化而形成四种方式(余练，2014)。但其并未阐明家庭农场主的具体特征和来源，即在众多农户中什么样的人最终怎样成为家庭农场主，现有对家庭农场的研究对此问题少有针对性的研究。同时，家庭农场经营主体和大规模农场经营主体有什么区别，这种区别又意味着什么？只有对规模经营的主体有了明确的认识和把握，才能有针对性地制定政策推动实践。

为了考察以上问题，本节主要采用来自安徽省河村所在平镇以及河村的资料，来对规模经营主体(即家庭农场经营主体)进行考察。采用安徽省个案的资料，一方面是因为平镇开始推行土地流转和规模经营比较早，已形成了众多的规模经营主体，可提供相对丰富的材料；另一方面，平镇的规模经营主体中不仅有大规模经营农场也有很多家庭农场，便于比较分析。同时，本节将用整个F县的数据说明规模经营主体的特征，但通过河村的个案情况说明家庭农场经营主体在村庄中的特征和意义。

一、规模经营主体的特征及其分层

到2014年6月为止，平镇的规模经营承包主体约有81个(不包括二次三次转包统计)，但有些是同一主体登记了两次，将这些合并后有76个经营主体，包括大规模农场经营者和家庭农场经营者，其中经营主体以企业形式登记的有 2 个。

首先我们来看这些规模经营者的年龄特征。如图 2-9 所示，除 16 人不知年龄外，40 岁以下的有 7 人，60 岁以上的只有 2 人，50～59 岁的有 15 人，年龄分布主要集中在 40～49 岁之间，有 34 人。规模经营主体年龄分布的一个显著特征是年轻化。当然这个年轻化不是针对人的生理年龄，而是相对于在农村务农人员的整体年龄而言的。对于农民而言，他们并没有退休年龄，只要还能劳动，有些老人甚至 80 多岁了还在耕种。而在打工浪潮之下，农村大多数中青年人都外出打工，农村务农的多为老人和妇女，在这种背景下，规模经营主体可以说是年轻化的。

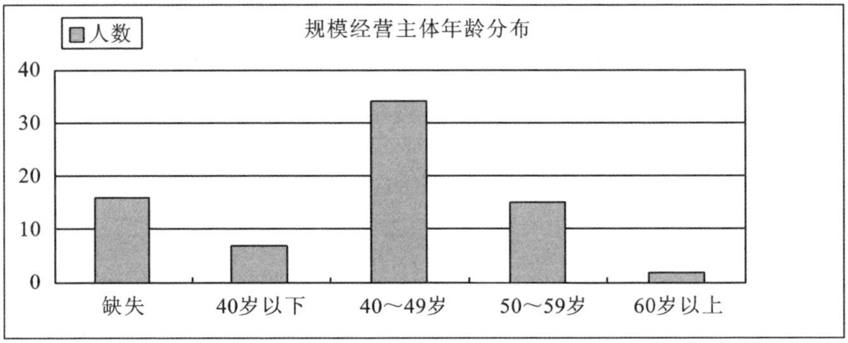

图 2-9　规模经营主体年龄分布

其次，经营规模的分布呈不平衡状态。截至 2014 年 6 月为止，平镇登记在册的土地规模经营的土地流转总面积是 26326.51 亩，规模经营主体 76 个。在 76 个规模经营主体中，如图 2-10 所示，承包面积在 500 亩以上者有 14 个，占总体的 18%，承包面积在 300～500 亩之间者有 8 个，占总体的 11%，承包面积在 300 亩以下者有 54 个，占总体的 71%。其中最大经营面积为 2244 亩，最小经营面积为 15 亩，但为 15 亩水面面积，最小规模的耕地面积为 101 亩。但如图 2-11 所示，仅占总经营主体数 18% 的 500 亩以上承包者，其总体承包面积却占总体规模经营面积的一半以上，达 53%，而经营主体数占 71% 的 300 亩以下承包者，其总体承包面积只占总体规模经营面积的 35%。

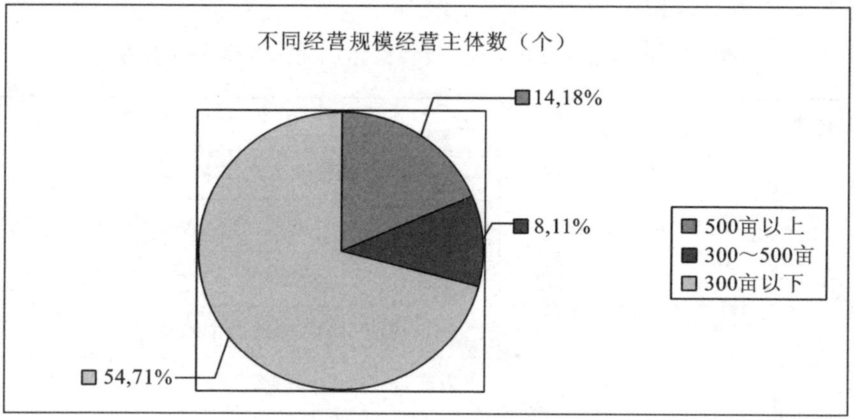

图 2-10 不同经营规模经营主体数

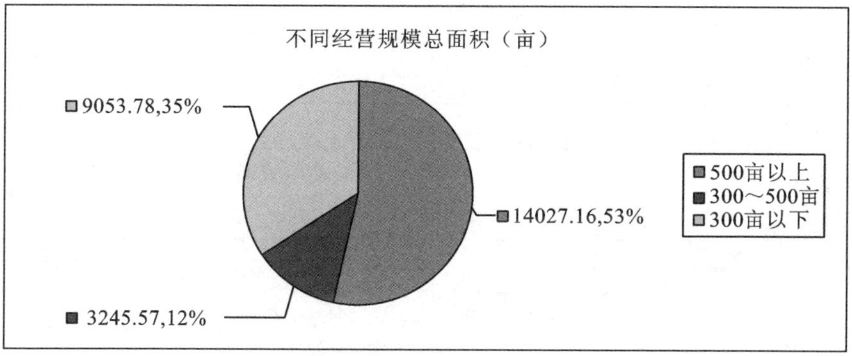

图 2-11 不同经营规模总面积

最后，如果根据经营规模看经营主体身份，会发现不同经营规模的经营主体身份有着显著差异。通过表 2-6 我们可以发现，承包面积在 500 亩以上的经营主体除一个情况不明外，剩下的 13 个无一例外全部都是从事商业的老板。这不难理解，如果我们仅以承包面积为 500 亩计算，每亩需先交 50 元押金及一年租金（每亩租金按 400 斤稻谷算，市价至少 400 元），即需要现金 22.5 万元，这还不算耕种的种子、化肥、租用机械、人工费用等后续支出，而这些后续支出要远远多于 25 万元，并且从 2015 年开始每亩地的押金由 50 元变成 600 元。想要承包 500 亩以上面积，需要有雄厚的资金基础、稳定的后续投入资金来源以及较强的承担风险的能力，这些是普通农民做不到的。

表 2-6 承包面积 500 亩以上经营者的承包面积及从事行业

承包者	承包面积/亩	年龄/岁	从事行业
1	2244.03	65	加工厂老板兼农资店老板
2	2003.6	39	原建筑公司职工，其合伙人是个老板
3	925.35	60	原县种子公司经理
4	1061.3	50	烟草局职工，同时也是个农机商
5	638.58	52	农机商
6	873.51	44	饮料老板
7	631.99	47	政府官员兼老板
8	724.47	—	自己家五兄弟合伙，有集团公司，旗下有大服装厂、钢铁厂
9	560	—	良种场职工，转包给职业农民在种
10	570	45	房地产开发公司老总，由于这两年房地产生意不景气，投资农业
11	581.86	—	不明
12	717.23	45	在县城开烟酒批发部
13	1120.24	44	建筑老板兼茶庄老板
14	1375	45	汽车零配件老板

承包面积在 300 亩以下的经营主体的身份特征明显不同于承包面积在 500 亩以上者。通过表 2-7 我们可以发现，54 个承包面积 300 亩以下的经营主体中，1 个为公司经营，5 个不明情况，12 个是开小型加工厂、修理店或农资店的小商人，他们的厂店也基本是在村里、最远也是在镇上，7 个是在外跑运输或做包工头的，剩下的基本都是种田的农民或从事与农业相关工作的人，其中虽然很多是村主任、村会计或农机手、货车司机，但这些人都仍在村庄从事农业，属兼业农民。由此看来，承包面积在 300 亩以下者与承包面积在 500 亩以上者属于社会的不同层级，不仅财力相差

甚远，身份也相差甚远，前者主要还是村庄的生活者，而后者是脱离村庄的、在整个社会分层体系中都属于中上层的富有者。剩余的承包面积在300～500亩之间的8个经营主体的特征介于两者之间。

表2-7 承包面积300亩以下经营者的承包面积及从事行业

承包者	承包面积/亩	年龄/岁	从事行业
1	183	43	本村人，返乡务工者
2	135	—	外村人，老种田户
3	173.62	42	本村人，老种田户
4	122.4	54	本村人，老种田户
5	235.52	—	本村人，老种田户
6	104.7	51	本村人，老种田户
7	217.6	50	本村人，老种田户，开收割机
8	108	50	老种田户，兼吹唢呐、打鼓
9	101.4	49	本村人，老种田户兼运输车司机
10	100.09	46	本村人，老种田户兼机械手(开拖拉机、收割机)
11	190.16	45	加工厂老板
12	206.29	35	饭店老板
13	235.43	57	镇居委会主任，开一个榨油厂
14	183.08	43	开修理店并跑运输
15	181.05	45	和别人合伙开大米加工厂
16	181.05	50	和别人合伙开大米加工厂
17	245.1	52	本村人，服装厂老板
18	190.93	49	开加工厂
19	199.7	46	木材加工厂老板
20	226.7	48	建筑工，有个小型服装加工厂
21	118.15	52	本村人，农资店老板
22	180	51	茶庄老板
23	222.82	35	本村人，原来在外跑客车运输
24	198.47	50	货车司机
25	103	47	包工头
26	280	48	包工头
27	292.72	45	本村人，包工头
28	120.16	37	本村人，在外搞工程

续表

承包者	承包面积/亩	年龄/岁	从事行业
29	83.51	—	农机手
30	105.23	44	自然村片长
31	181.05	46	大米加工厂会计
32	110.58	31	村委会计，主要是父亲种
33	101	51	村主任
34	220.11	—	村主任，转包给外来职业农民
35	180	48	收割机手
36	147.98	48	货车司机
37	117.69	45	村委会计
38	220	45	村委会计
39	105.78	35	本村人，卫生室医生，主要是父亲种
40	15	—	鱼塘种草
41	105	44	外地来的职业农民
42	192.05	45	外地来的职业农民，有证
43	115.56	45	外地来的职业农民
44	199.72	45	外地来的职业农民，有证
45	199.19	45	外地来的职业农民，有证
46	199.07	49	外地来的职业农民
47	128.64	55	外地来的职业农民，有证
48	250.59	45	外地来的职业农民，有证
49	175	—	—
50	109	—	—
51	112.2	—	—
52	130.3	—	—
53	271.94	—	—
54	241.45	—	企业承包

另一方面，300亩以下的小规模经营主体内部也存在分化，在54个经营主体中，以前完全是纯农户的只有6个，外地来的职业农民有8个，开店开厂的老板有12个，其余或者是身兼村干部者或者是有较高农外收入者，在总体54个小规模经营主体中有近一半以前是非农从业者。虽然

不像500亩以上承包者在身份和财富上的差异巨大，但300亩以下规模经营主体大体也可分为三个层级：最下层级为以前村中的纯农户，他们大多是村庄的种田能手、种田大户，具有技术和经验上的优势；最上层级为个体老板，他们不一定具有经验优势，但具有资本优势；而中间层级为村庄中的各种其他精英，也许有一定的耕种经验，虽比不上个体老板，但相比一般农户可能更具有资本优势以及社会资源优势。三个层级的这种分法，以及300亩以下经营主体与500亩以上经营主体的区别，对农场经营过程产生了不同影响，这将在后文进行论述。

二、家庭农场经营主体的本土化

按照我们对家庭农场的定义，以上14个承包面积在500亩以上者都不能算作家庭农场。但我们也无法确认承包面积500亩以下都是家庭农场，因为我们没有掌握所有经营主体的具体经营方式，因此无法确定其经营方式是否都为家庭经营。我们对河村的家庭农场有详细的调研和访谈，很多登记者进行了二次、三次转包。平镇河村的13个家庭农场经营规模都在400亩以下，都以家庭经营为主，13个经营主体中，包含了以上三个层级的人，有以前村中的纯农户和外地来的职业农民，也有在外跑副业或者在村委任职的干部，还有开小店小厂的小老板。表2-7中承包面积在300亩以下的经营主体虽不一定都是家庭农场，但基本能代表家庭农场经营主体的特征。

首先，家庭农场的经营主体无论是属于以上三个层级中的哪一层级，有一点是共同的，即都属于村庄的精英群体。虽然各自的发展领域不一样，但总体来说，他们在村庄中是属于经济条件以及社会条件较好的群体。即使是数量较少的纯农户，他们在土地流转前也都是村中的"中农"，即种田大户，有一定的耕种规模、丰富的耕种经验和较充足的家庭劳动力，所以在推动土地流转之前，他们就是村中经营耕地面积较大、收入中上者，也是村庄事务的积极参与者；既是村庄的耕种精英，也是村庄的主要生活者。只是在土地流转前，他们耕种的土地大多是从亲戚或同村人手中自发流转而来的，面积较小，在推进土地流转规模经营后，他们有动力也有能力经营更多土地，便成了新型家庭农场经营主体中的一员。但不是所有以前的“中农”都有足够的资本和勇气进行家庭农场的投资和经营，这也是新形成的家庭农场经营主体中这部分人所占比例并不是很多的原因。

其次，与前面平镇整体300亩以下承包者呈现的态势一样，河村的家庭农场经营者内部也呈现分层态势。这种分化主要是由于资金限制所致。如前所述，进行规模经营需要流转土地。平镇规定，最低经营规模不能低于100亩，即使按最低规模100亩计算，前期租金加押金的投入也要4.5万元，然后还有大量的经营投入，这对普通农户来说是一笔大投资，很多以前的“中农”因资金限制而不得不放弃经营。同时这种资金的要求也吸引了村中以前并不以农业为主，或者本不从事农业但有一定资金基础的人来承包土地，所以部分家庭农场承包者都是有一定资金基础的兼业户或非农从业者。称他们的经营仍是家庭农场经营，是因为他们主要是依靠家庭经营，承包土地后农业经营收入成为家庭收入的主要来源，并与村庄有着千丝万缕的联系。所以这里所说的家庭农场就排除了那些并不是主要靠家庭经营、家庭收入，也主要不是靠农业经营的老板、商人、土地承包者(即使其承包面积也在300亩以下)。

第三，职业农民逐渐成为家庭农场的重要组成部分。河村家庭农场经营主体中还存在另一个特殊群体，即职业农民。在政府话语中，职业农民是经过相关培训并拿了证的农民，但在村民话语中，职业农民更多是指从外乡来的专门从事承包、经营土地的人。这群人大多也是农民，河村的职业农民都是从平镇的邻镇过来承包土地进行经营的农民，他们多是种田能手，有丰富农业经营经验，能吃苦耐劳，但苦于当地耕地有限，很难实现一定的规模经营，而选择在他乡承包土地进行农业经营。在河村最开始的规模经营主体中并无职业农民，但随着河村大规模经营的解体，开始有职业农民进入河村转包土地，并呈逐年增加的趋势，成为河村家庭农场经营主体的重要组成部分。这些职业农民因流动性较强，且多从其他承包者处进行二次转包或三次转包获得土地，所以登记不像其他规模经营主体那样详细、及时，且变动性较大。有学者将这个群体称为“流动性家庭农场”，并对平镇的这个群体进行了专门研究，其研究显示，这个群体正逐年扩大，成为家庭农场经营的重要组成部分（余练，刘洋，2013）。在河村，这个群体的性质基本与前面所说的本村的种田大户相同，但因来源不同，其在经营模式上与本村的种田大户稍有不同。

从河村的情况来看，虽然家庭农场内部也有分化，经营主体可分为三个层级，但其主体主要还是由三个层级中的下两个层级以及职业农民构成。第三个层级的规模承包者，即办厂开店的小老板们，很难成为真正的家庭农场经营者，原因在于其承包目的和经营目的的投机性。他们的家庭收入并不主要依靠农业收入，承包土地只是作为家庭投资的一种，成规模承包土地不仅能得到政府的补贴，而且在进行转包后还能赚得地租差，这也是河村的家庭农场经营多为二、三级转包的原因，即使有的承包者是自己经营，一般也主要是雇工经营，这样的承包者即使面积不大也不能算家庭农场经营。

三、不同规模经营主体的经营方式和效果

同样为规模经营主体，但不同规模的经营主体间存在较大差异，即使规模差不多，经营主体也存在分层，这体现了规模经营主体间的分化以及成为规模经营主体的条件性。不仅如此，规模经营主体内的这种不同群体特征对规模经营的经营活动也有重要影响。

第一，500 亩以上的大规模承包者多为外来老板，进行大规模土地承包是其商业投资的一部分，无论是自己经营还是转包出去，其只有追求利润一个目的。如 45 岁的汪某，本是县城的房地产商，因这两年房地产不景气，便想到投资农业是不是也是一个投资出路，于是承包了 570 亩土地。这个群体的特征决定了他们对承包的土地很难进行直接经营，更不

用说用心投入进行农业生产。有些大规模承包者也尝试自己经营，但因规模过大，只能采取企业形式雇工进行经营，这种经营方式不仅会遇到因农业经营的特殊性而产生的管理困难，而且会产生如雇主和雇工间的对立和矛盾。同时，他们一般是外来老板，与村庄没有任何联系，而经营活动又必须在村庄内进行，于是经营活动便呈现出与村庄生活的脱嵌性，这不仅影响经营的效率，而且经营活动本身也对村庄生活产生了破坏性作用。

第二，对于经营规模多在200～300亩的本村种田大户来说，其经营刚好与以上大规模经营相反。首先，作为长期务农、以农业为生的农户来说，进行一定的规模经营是为了维持家庭生计并增加家庭收入，所以会充分利用家庭劳动力，并全身心地投入农业生产以实现收入最大化，其经营方式主要是家庭经营。其次，因其长期生活在村庄，并在村庄从事农业生产，所以即使扩大了经营规模，他们仍是轻车熟路，不仅熟悉农业经营活动，也熟悉村庄社会关系，还能充分调动村庄的社会资源来助其完成经营活动，如协调灌溉、排水等农业生产问题，协调帮工、雇工以及雇工监督问题，而这些对于外来大规模经营者却是很难的事。所以，这个群体的家庭农场经营既嵌入了其生活的村庄，同时又能促进村庄社会生活的协调。

第三，对于经营规模多在200～300亩的兼业户和非农从业者，其基本与纯农户相同。虽然他们的耕种经验可能不如纯农户，但他们一般也都是本村人，同样可调动村庄的社会资源来进行规模经营，同时他们还可能拥有更多村庄外的社会资源以及更多资金基础和来源，从而更有利于进行农业经营。另一不同点在于，他们在经营农业的同时，可能仍然兼业，农业经营更多是利用家庭的剩余劳动力。如村卫生室医生和村干部在承包土地后仍做医生和村干部，但这并不影响其家庭农场的经营。对于这个群体来说，因家庭收入的多元化，增强了其农业经营的投入能力和抗风险能力，也有利于家庭的抗风险能力，所以我们可以发现他们也是构成家庭农场经营主体的重要组成部分。

第四，对于外来的职业农民，其在村庄中的农业经营面临与大规模经营同样的不利条件，但同时具有本村种田大户的优势，即丰富的耕种经验、家庭劳动力的充分利用、主要依靠家庭经营以及全身心的投入。因外来的职业农民无法充分利用村庄的社会资源来协调一些农业生产和劳动力雇用，他们有更强的改进技术的动力，他们甚至比本村的种田大户更能吃苦耐劳。河村的职业农民普遍比当地农户更能吃苦，他们尽量不雇工进行生产，在农忙季节实在需要帮手时，就从老家喊亲戚过来帮忙，河村的一户职业农民在农忙时，将岳父一家都请过来帮忙。在实在无帮手调动的情况下，这些外地职业农民才考虑请少量雇工。职业农民尽可能不请雇工，一方面是为节约成本，另一方面是为避免雇工难和监管难的问题，以缓解其非本村人的劣势。根据余练的调查，本地的家庭农场平均雇工在 1.5 人/亩，而这些由外地人承包的家庭农场雇工只在 0～0.5 人/亩（余练，刘洋，2013）。同时，河村节省劳动力的耕种技术和耕种模式的改进，以及新型高效农药的引进都是通过这些职业农民来实现的，因为他们的信息网更发达，相互间的交流更多，通过改进技术来节省劳动力的动力更大。大部分职业农民都是从当地大规模承包者那里转包而得到土地的，他们需要支付比一级或二级承包者更多的租金，如河村在土地转包后，租金甚至达到 500～600 元/亩，这压低了他们的经营利润，也使他们有更大压力和动力改进技术，以节省劳动力、节约成本。

四、总结

通过以上对平镇整体和河村的规模经营主体以及家庭农场经营主体特征的考察，以及对不同规模经营特征的考察，我们至少可以得到以下几点对农业规模经营以及家庭农场发展可能有意义的发现。

第一，规模经营承包主体呈两极分化态势，经营主体人数占比很少的大规模经营者的承包面积却占总体规模经营流转面积的大部分，但他们很少是真正的农业经营者，更不是家庭农场，农业经营对他们来说更像是一种资本投资。

第二，规模经营承包主体以及家庭农场经营主体的年龄呈年轻化，这对于日益老龄化和妇女化的农业经营和农村社会来说，是一种好现象，不仅有利于农业经营，也有利于村庄生活的活性化。

第三，规模经营与家庭农场经营一样具有排斥性和选择性特征。即并不是所有人都能成为规模经营的承包主体，即使家庭农场经营也不是所有农户都能进行的，其首要门槛是资金要求，而对于家庭农场经营来说，除了资金要求外，还需要有充足的家庭劳动力资源。规模经营和家庭农场经营的这种进入的排斥性和选择性，需要我们注意农业政策的目标性和实践的针对性。

第四，家庭农场经营主体呈现本土化和多元化趋势。相对于大规模经营主体的脱农化而言，家庭农场经营主体多为农民，尤其多为本地农民；多元化主要是针对家庭农场内部的分化和职业农民占比不断增多的趋势而言的，虽然职业农民也是农民，但其作为村庄的外来农业经营者，为村庄的农业经营注入了活力，而家庭农场内部的分化从某种程度上说也增强了家庭农场经营主体的多元化。这种本土化和多元化都有利于家庭农场的资源配置、技术改进和抗风险能力的增加，即整体生存力和竞争力的增强。但是，同时也需要警惕家庭农场内部尤其是规模经营主体内部的这种分化，防止规模经营形成对农户的排斥机制而走向上层化和资本化。

第五，规模经营的主体会直接影响经营过程。农业经营不同于工业发展，只要有足够的资本投入，工业化生产就可以在任何地方以相似的模式组织资源、建立组织结构、投入生产产出产品。而农业生产的资源和生产场域具有地域性和不可转移性，不可任意调配、组织或改变，其生产活动也就具有强地域性和本土性。所以，对于农业经营来说，经营主体的个体特征和身份能对经营组织方式、经营过程产生直接和重要影响，并最终产生不同的经营结果。这也是大规模农场经营、职业农民的家庭农场经营和当地家庭农场经营的经营方式和经营结果不一样的原因之一。

第三节　家庭农场的土地流转特征及其优势
——基于湖北省个案的研究①

实现规模经营的关键和难点是实现土地的流转，所以如何促进土地流转成为政府和学界关注的焦点。虽然对土地流转的限制早已放松，推动规模经营也早已开始，但效果却不明显。对于制约土地流转的因素，有学者归因于农村土地市场缺失、产权和制度因素的制约等（李健，王继权，2004；叶剑平等，2006）；另有观点认为农民思想观念落后，受教育程度低下，农村劳动力素质不高，剩余劳动力转移困难，以及相关法律制度不健全制约了土地流转（张丁等，2007；杨昊，2009；纪灿离等，2009）；还有学者指出高昂的农地交易成本、不完善的农村社会保障机制等是制约农地使用权流转加速发展的瓶颈（解安，2002；陈曜等，2004）。总结起来，这些原因包括农民及农民家庭的个体性因素原因，宏观的制度和政策因素以及农村市场化发展的影响。但关于土地流转的研究一般基于促进土地流转以实现规模经营这样的目标为前提。

随着农业改革的推动，家庭农场成为农业经营体制改革的新点。2013 年中央一号文件中首次提出家庭农场概念，并将其作为三种新型生产经营主体之一，与专业大户、农民合作社一起成为加大农业投入和补贴的重点对象和促进土地流转的主要流入方。一时间，家庭农场也成为国内理论界和政策界的焦点之一。家庭农场按照农业农村部的定义，通常是指以家庭成员为主要劳动力，从事农业规模化、集约化、商品化生产经营，并以农业收入为家庭主要收入来源的新型农业生产经营主体（史博臻，2013）。家庭农场的发展要以一定的土地流转为基础，家庭农场也是土地流转的主要流入方。但现有的对家庭农场的研究中几乎忽略了家庭农场形成机制中土地流转的特殊性，而是想当然地把家庭农场形成中的

① 本节发表于《华中科技大学学报（人文社会科学版）》2015 年第 2 期，稍有改动。

土地流转问题等同于之前的普遍的为了规模经营的土地流转问题。

但家庭农场的经营主体、经营手段和经营目标等明显不同于一般意义上的以企业或工商业者为经营主体、以资本和能源投入为基础、以追逐利润为目的的大规模农场经营。家庭农场是以农民尤其是以当地农民为经营主体,主要通过家庭劳动力和少量雇工进行经营,经营目标主要是维持家庭生计。两者这些差异会直接影响土地流转的过程和结果。家庭农场形成过程中的土地流转机制是什么?家庭农场是如何解决土地流转问题的?家庭农场具有哪些优势又面临什么困境?家庭农场经营与大规模经营的土地流转有何异同以及联系?通过对一个村庄中家庭农场和企业规模经营的土地流转进行比较研究,试图明晰这些问题,给化解当前面临的土地流转难题一些启示。

本节之所以选择湖北省的个案来说明家庭农场土地流转的特征,主要是因为这个个案所在地区的规模经营和土地流转并不是政府整体统一规划和促进的,而是具有一定的自发性,所以既包含了政府推动的大规模经营的项目和其他较小项目,也包含了村民自发土地流转形成的家庭农场经营,还包含众多未进行土地流转和规模经营的小农户,以及外乡来的职业农民的土地流转和规模经营。这种自发性和多样性为比较不同类型土地流转的特征提供了较好的个案。而安徽省的个案中,其土地流转和规模经营是在政府的推动下统一进行的,并没有农户自发流转形成家庭农场的过程和案例,所以无法考察自发形成的家庭农场的土地流转过程和形成过程。

一、村庄概况及其土地流转

(一) G村的人口与耕地

G村所在的黄陂区位于武汉市郊区,黄陂人有从事建筑行业的传统,在集体经济时代就有自己的建筑队外出务工,改革开放后黄陂区成为有名的建筑业从业人员输出地,从20世纪八九十年代开始就有大量人员外出务工，且多从事建筑行业。现在，黄陂的建筑队遍布全国各地甚至国外。在这种背景下，G村的人口流动开始得很早且流出量大，尤其最近十年随着国内房地产行业的发展，G村在外务工人员除了从事建筑业，还包括装修、水电等工种，都是收入不错的行业。再加上G村离武汉市市区较近，在武汉从事其他行业的务工人员也较多。这样的地理优势以及务工传统产生的直接后果是G村"空心村"的形成和土地撂荒。

G村由17个自然村25个村民小组组成，记录在册人口为2018人，到调查时(2013年夏)，据不完全统计(因部分人口流动频繁)，在村人口为400多人，多为老人和小孩，全村1395个劳动力中就输出了近1000人。G村有水田2213亩，旱地200多亩，人均耕地约1亩。土地撂荒的具体数据无法统计，因为每年撂荒的土地并不一样，据村干部粗略估计约40%的耕地都被撂荒。撂荒的耕地多集中于地势不平和水源条件较差的地段。

(二) G村的土地流转

G村外出务工人口多，土地撂荒严重，最近几年在政府的积极推动下，实现了部分耕地的流转。总流转面积约1200亩，涉及7个经营主体；还有约50亩在谈判中，涉及1个经营主体。根据经营主体、经营方式和经营目的的不同，G村土地流转后的规模经营可分为以下三种。

1. 家庭农场经营。经营主体为本村农户，经营方式主要依靠家庭劳动力经营，不雇用劳动力或雇用少量劳动力，经营规模不大，经营目的主要是增加家庭收入、维持家庭生计。十几亩至二十亩的小规模家庭农场较早就有，进行较大规模经营的有两户，经营规模分别为50亩和80亩，一户主要从事水稻生产，一户主要种植莲藕。

2. 专业经营。经营主体为职业经营者或者个体经营者，经营方式主要依靠机械和雇用劳动力，经营规模较大，经营目的主要是获取利润。G村的专业经营中在营的有三个，一个是来自仙桃市的职业经营者，经营规模为200亩，种植水稻；一个是当地农机站的职工，经营规模为80亩，种植水稻；一个也是来自外地的专业种植者，经营规模为 200 亩，种植蔬菜，但其后续流转正在争议中。这三个专业经营的流转合同都是一年一签。另有一个谈判中的也属专业经营。

3. 企业经营。与专业经营相似，只是经营主体是企业，G 村有两个企业型规模经营，分别经营花卉苗圃和葡萄园，经营规模都是上千亩，但涉及 G 村的土地流转面积分别为 200 亩和 240 亩，承包期为 17 年(农民土地承包的剩余年限)。

G 村的撂荒耕地是除去这些流转土地后的估计值，除去这些流转的耕地剩余大部分耕地都处于撂荒状态。G 村土地流转的面积以及流转过程主要受三个因素的影响：一是耕地状况，一些耕地地势不平、水源不利，不能连片进行规模经营而无法流转；二是谈判协调的顺利程度，主要受耕地流出者流出意愿影响；三是流转后规模经营效益的好坏，其直接影响耕地流入者后续承包意愿。但这三个影响因素在家庭农场和专业经营、企业经营中的表现差异巨大。

二、共同体逻辑下的家庭农场的土地流转及其效果

(一) 家庭农场土地流转的关系嵌入性及其意义

G 村进行家庭农场经营的分别是经营 50 亩水稻的李某和经营 80 亩莲藕的杨某，李某的经营规模从 2010 年的 11 亩、2012 年的 20 亩扩大到 2013 年的 50 亩，并打算来年扩大经营规模至 300 亩。他们的规模经营能持续并有扩大趋势，在于他们土地流转的顺利进行和规模经营效益的显现，而这得益于他们的土地流转和规模经营是在村庄内进行的，依托了村庄共同体的社会关系网络和伦理规范的支持。通过李某和杨某的土地流转过程，我们可发现家庭农场土地流转的关系嵌入性特点。

李某是 G 村马湾人，1978 年出生，年纪虽不大，但他自 1998 年退伍回村后一直在村里担任民兵连长和团支部书记，工作踏实，为人讲义气，在群众和干部中口碑甚好，且其父也曾担任过村里的干部。2003 年至

2010 年，李某一直从事粮食收购的生意，通过粮食收购也结识了不少人。2010 年李某回家种地后，就一直有人愿意把地免费送给他耕种，他现在耕种的 50 亩地中，属于他自己的只有 2 亩，其他都是亲戚、同湾(同一自然村)给的地，这些地中只有 2 亩地需要给租金，每亩 160 元，其他都是免费耕种。

杨某是 G 村杨家湾人，现耕种的 80 亩地中，有 12 亩是自家的，有 12 亩是本湾的撂荒耕地，有 56 亩是租种李湾的地，年租金为 100 元/亩。其中 56 亩李湾土地是通过其当生产队长时认识的李湾队长牵线而承包的，杨某说不通过熟人肯定是承包不了别湾的土地，而且对方如果不是队长，也很难包到这么多土地，其个人社会关系在他的土地承包中起了重要作用。

首先，家庭农场的经营者主要是本村人，在熟人社会的村庄中，土生土长的本村人通过血缘、地缘形成或构建了广泛而深入的关系网络，家庭农场的土地流转在熟人社会的关系网络中所遵循的更多是熟人社会的行为逻辑，而非市场逻辑。土地流转也就被嵌入在这些关系网络中具有了关系性，土地流转给某个经营者更多是给、是“送人情”，而不是为了赚取地租。经营者在村庄中的社会地位、血缘关系的广度、人际关系的好坏对其能否流转到土地起了非常重要的作用。比起杨某，李某在村庄具有更好的人际关系，所以能在本湾更容易且更便宜地流转到更多土地，而杨某不得不通过业缘关系到别湾去流转土地。

其次，在村庄内的土地流转一般是基于关系网络的非正式流转，这种关系性流转降低了交易成本。因为是基于社会关系进行的流转，具有高信任性以及“关系性”，流转并不需要签订合同或者公证人，双方只需要口头协议，这降低了交易成本，在与其他形式的土地流转相比时，这种优势尤为明显。李某流转的所有土地都没有签订合同，也没经过多次协商，更不需要通过村干部来谈判，这与外来的大规模经营的土地流转形成鲜明对比。

然后，因为必须是通过社会关系才能实现流转，所以其流转又必然受流转主体的社会关系网络的限制。村庄内土地有限，并不能无限度地流转承包到土地，一个家庭农场需要好几个农户出让土地来成全，有时一个村庄全部的土地也许只够成全十来个家庭农场。而在村庄熟人社会，个体社会关系网络更容易按费孝通所说的亲疏远近的圈层结构而建构，处于最里圈的一般是血缘较亲者，其次是血缘较远者或地缘较近者，如此扩展延伸。这种主要以血缘、地缘为中心的关系网络，使村庄内每个人的社会关系网络差异不大，亲疏相遇时必是亲者优先，农户很难将自己的承包范围延伸到别人的至亲圈，除非对方无至亲亲戚想承包土地（参考图2-12）。同时，如果至亲圈内无人想出让土地时，其需要通过较远的关系网络来实现土地流转，如杨某。

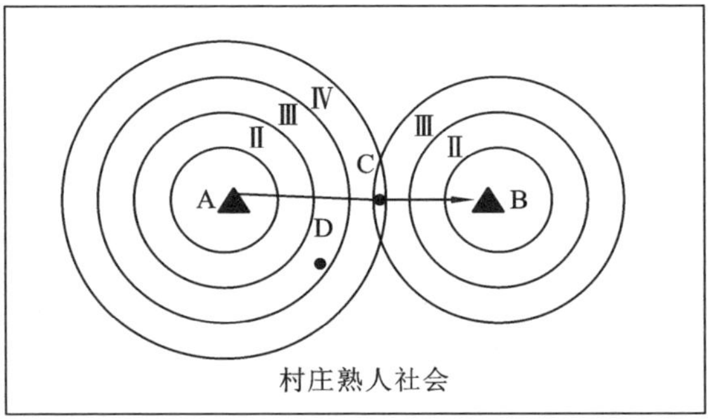

图 2-12　土地流转关系网图示

注：圆圈表示个体在村庄内与他人亲疏远近关系的差序格局，处于C位置的个体与B的关系要近于与A的关系，在A和B同时向C要求流转土地时，C更可能将土地流转给B；同样对于A，在村庄内也有成员更倾向于将土地流转给他而不是给其他人，如D。这种土地流转大部分都发生在村庄内部成员之间。

最后，村庄内每个人的社会关系网络差异不大，所以每个家庭农场通过土地流转所经营的耕地面积虽有差异，却也不会偏离平均值太多，这就保障了村庄中其他人的“耕种权利”，不会使土地只集中于个别农户，这对村庄中土地耕种者形成了一种保护机制，从而使家庭农场经营成为可能。相反，家庭农场的最小耕种面积也不会偏离平均值太多，因为当耕种面积小于一定规模时，在家务农的收入就会明显低于外出打工的收入，此时的家庭经营策略会选择外出打工，将土地流转出去。在 2010 年 G 村有规模经营之前，G 村的大量耕地撂荒，包括现在的撂荒地多为此种情况。

（二）家庭农场土地流转中的地租优势及其道义逻辑

土地流转的低地租是 G 村的两个家庭农场得以维系的前提之一。在亩均收益并不高的情况下，如果地租过高，通过家庭农场经营所得收入很难维持家庭生计，耕种土地便不会成为家庭经营策略，而低地租是家庭农场土地流转的村庄嵌入性的另一优势。李某流转的 48 亩土地中只有 2 亩需要给地租，其余都是无地租流转，且这 2 亩地的年租金为 160 元/亩，低于当地企业经营的 300 元/亩的年租金。而杨某因为是流转的其他湾的土地，所以没有免费耕种的，即使这样其 100 元/亩的地租也是远远少于 300 元/亩的。其中除了“人情”的成分外，另一原因在于在村庄共同体内，土地地租的形成不是按市场价格，而是来自村庄的地方性道义共识。

当问及为什么不要地租或只要那么少地租时，回答或是“都是亲戚，钱也不多”，或是“要多了，他还怎么赚钱”，“种点地，也不容易”，“他也赚不了多少”之类。

虽是简单的回答，但村民对地租的看法，却包含了斯科特所提出的小农生存逻辑中的道义经济逻辑。斯科特通过对东南亚村庄的研究，提出小农的生存逻辑并不是经济学的计算或理性逻辑，在村落共同体中，每个农民相互依赖、相互支持才能获得共同的生存，才能实现个体的生产，所以全体村民的安危高于个人利益，人人都有生存的权利是村落人的共识，村落通过再分配体制来达到群体生存的目的。这种道义经济的逻辑在 G 村也存在并影响着家庭农场土地流转中的地租。

在村庄共识即道德逻辑中，村落共同体中人人都有生存的权利，故他们认可“丁增增地，丁减减地”的调地规范。村庄共识也认可每户都有通过经营土地维持家计的权利，故他们接受较低的土地地租甚至无租。因为村庄中所有人都知道这个现实：只有通过租种别家土地来使家庭耕种面积达到一定规模，才能依靠土地维持家计，否则必须另寻他路，即“种点地，不容易”。而对于主要依靠经营土地维持家计的家庭农场来说，其面积的扩大是受限的，其耕种的面积所获得的收入可能刚够维持家计，如果地租过高，其靠经营土地维持家计就可能难以实现，如果靠土地不能维持家计，那么租种别人的土地就变得无意义，即“要多了，他还怎么赚钱”。

村民对这些都很清楚，他们清楚种一亩地的纯收入、一户农户维持家计所需的基本耕地面积，也就清楚家庭农场主们通过租种土地所能获得的大致收入。村民也知道村庄中每户的基本生存状况，认为索要更多的地租是不应该的，这会危及对方家计的维持或让对方家庭收入不能达到当地平均水平。况且，如果对方通过租种土地不能实现家计维持而放弃流转土地，这对村民也是不利的，因为他也将无法将土地流转出去。所以村民是按当地平均收入水平，根据对承包人可获得的耕种收入的判断来定地租，这种判断更多基于地方性共识，也是一种道德的判断。

但是，这种地方性道义共识只有在维系村庄共同体时具有“防御性”和“保护性”，即只有考虑对方家计维持、共同体的基本维系时，这种地方性道义共识才具有保护性，当超出此层面，地方性道义共识中更多包含的是对“公平性”的诉求。

当问及如果家庭农场主以后扩大了耕地面积，其是否仍不会收取地租或只会收少量地租时，村民表示“如果他包了 200 多亩的话，我肯定会要地租”；或者“我肯定不会只要这么点地租”，因为“他种 200 亩，那能赚很多钱了”。

当问及还会在什么情况下要求涨地租时，村民表示“如果他不种稻谷了，而改种经济作物，肯定也不会只收这么点地租”，“因为他收入更高了啊”，“他收入高了，还只给我一点地租，我就不租了，空着也不租，不公平啊”。

李某打算继续扩大耕种面积至 300 亩，但表示扩大面积了地租成本就会成为一项大开支，“因为扩大面积了，肯定就要支付地租了，且还不能少”,“因为少了他们不会干啊”。

同地不同租的情况会出现在耕种面积变化或种植品种变化时。当家庭农场主的耕种面积扩大,或者由种植粮食作物转向种植经济作物时,地租会出现增长,更倾向于按市场价格来交易。因为村民认为他种 100 亩西瓜或其他经济作物时收益会很高,这种情况下只付给自己 100 多元地租是无法接受的,认为这“不公平”。但这种公平性的诉求并不是市场逻辑中的公平,而是村庄共同体道义语境中的公平,村庄共同体中人人都有依靠土地生存的权利,人人也应有分享土地利益的权利。这种基于村庄共同体的地租共识对于家庭农场来说,不仅降低了经营成本,而且具有保护作用。

三、脱嵌性土地流转的成本及其原因

家庭农场的土地流转在村庄中的关系嵌入性优势以及地租的地方性非市场化优势,在与 G 村的企业规模经营和专业规模经营的比较中体现得更明显。G 村的 7 个规模经营主体中,有 5 个属于企业经营和专业经营,与家庭农场相比,除土地流转规模比较大外,最关键的不同点在于,其经营主体都是来自村庄外部的企业、工商业主或个人。相对家庭农场嵌入村庄社会的内在性土地流转,这种经营主体来自村庄外部的土地流转可视为脱嵌性土地流转,这种流转主要遵循市场逻辑而非村庄共同体逻辑。而在市场逻辑支配下的脱嵌性土地流转,在遭遇村庄共同体时,因各自内在需求的矛盾性而产生了高成本,这种成本既包括经营者自己承担的直接成本,也包括其转移给村委的间接成本。

(一) 脱嵌性土地流转的直接成本:高地租与经营风险

在脱嵌性土地流转中,因承包主体是来自村庄外部的企业、工商业主或个人,他们无法利用村庄社会网络资源,也无法共享村庄共同体规范,流转主要遵循市场逻辑,比起家庭农场经营,他们需要支付更多的地租。G 村的企业经营土地流转费用每亩为 300 元/年,专业经营的流转费用每亩为 160 元/年,但正在消失,因流转农户要求提高价格。除需要支付更高的地租外，脱嵌性土地流转因无法协调与农民需求之间的矛盾，而面临高经营风险。

大规模经营者对土地流转稳定性的要求与农户要求土地流转具有灵活性之间存在矛盾。对于大规模经营者，其需要较大前期经营投资，不仅包括机械、库房、土地平整等投资，还包括土地肥力的长期培养。较大前期投资决定了其需要较长生产时间才能收回成本，实现盈利，如果土地流转年限过短，其很难实现盈利，甚至会亏损。所以对长期稳定的土地经营权的需求是农地大规模经营的内在要求，也是必要条件。除此之外，规模经营还必须要求成片平整的耕地条件，需要对零散土地进行推平整理。

对于农民，随家庭生命周期变化，土地具有多重功能。G 村很多农民宁愿将耕地空荒，也不愿流转给外来经营者，很大原因是担心丧失对土地的自主权。因为因家庭变故，或自己年龄太大无法再外出打工时，土地具有基本保障功能，所以拥有对土地的自主权是其安全感的需求。除此之外，农民还会考虑地租的上涨、土地可能的增值收益等因素。而能获得较大自主权，且能较好保证自己利益的一个很好办法是尽可能缩短流转年限，且不改变耕地原形态，所以 G 村村民都要求一年一包。在流转年限和是否改变耕地形态上很难达成一致，是 G 村村民与外来大规模经营者之间难以达成流转协议的主要原因，也是土地流转后矛盾的产生源之一。

在这种矛盾中，外来经营主体的经营风险升高，主要体现在地租和土地使用的稳定性方面。对于外来经营者，绝不会存在免地租情况，同时对地租的要价还会不断上升，这会直接影响其经营利润和经营的可持续性。来自仙桃的专业经营者就因为农户要求提高地租而不得不放弃经营，前期的投入也都白费。同时，农户要求的一年一包对规模经营者意味着每年的经营面积、经营地块都不固定，经营规模与经营的稳定性都得不到保障，也就增加了经营风险。

G 村每亩 300 元/年的地租是针对企业葡萄种植的地租，一是基于葡萄种植的收益性更高的认识，二是因为企业的规模经营有国家的补助与扶持，企业能够承担。而其他水稻种植专业户的地租，开始时为每亩160元/年，但村民现在要求提高地租。水稻种植的低利润性决定了其对地租的敏感性，所以在村民要求提高地租后，从仙桃过来流转土地进行种植水稻的经营者决定退出，因为利润太低。其他几个经营者的继续流转事宜也处在调节状态中。

同时，G村农民坚持要求一年一包，且不准改变土地用途和形态。种植葡萄的企业与村委签订的流转合同为17年，是第二轮承包年限剩余的所有年限。土地流转后，企业对农地进行了平整。流转之时，并不是所有农民都同意流转，需要依靠土地养老的部分农民不同意，但此项目是区里的大项目，村干部通过调地、做工作最终实现了成功流转。后来，陆续有农民表示后悔，因为看到土地被推成一片，已不见自己耕地原形，觉得以后自己收回土地无望，且“17年太长，谁知道那时候会是怎么回事?”所以除葡萄园外，其他土地流转者都坚持流转时间为一年，且不同意变更耕地用途。其中有一200亩经营者也想平整土地后种植葡萄，但遭到农民坚决反对，而使土地继续流转悬置，200亩地处于空置状态。

(二)脱嵌性土地流转的间接成本:村庄的治理成本

G村所有企业经营和专业经营的土地流转都要经过村委进行，且不得不经过村委进行。因为外来经营主体与村庄没有任何联系，无法掌握村庄的信息以及可流转土地量与质的信息，更无法与大量小农进行逐一协商与谈判。在人均一亩地的G村流转200亩地，涉及农户少则几十户多则上百户，外来经营主体直接与小农逐一进行谈判不仅交易成本高，而且最终协调成连片大规模耕地的可能性也很小。农户对于外来经营者的信息也一无所知，需要担心其是否可靠、是否能保证地租支付等问题。双方无信息沟通渠道，也无信任基础，所以必须通过村委这个中介进行协调。先由村干部协调调整好成片可流转土地，然后外来经营主体直接与村委签订流转合同，而关于具体调地过程、地租议定、与农户的协议等都是村干部与村民之间的问题。在这个过程中，外来经营主体降低了交易成本，但其实是把交易成本和交易风险转嫁给了村委，在这个过程中，村委遭遇信任危机，从而产生高治理成本。

外来经营主体进行规模经营的主要目的是盈利，遵循市场逻辑，追求低交易成本、低生产成本和高利润率，需要简单的程序、明确的合同，很难考虑农民多元化的利益诉求。即使有村委作为中介介入，也很难解决这种脱嵌性土地流转与农民需求之间的内在矛盾。在协调土地流转的过程中，村干部需要花费大量时间去动员村庄社会资源，甚至会采取一些非常手段去做村民的工作。在这个过程中，村干部面临来自村民的信任危机挑战，并给村庄带来了因土地流转而产生的治理危机，这是脱嵌性土地流转所产生的间接成本。

访谈中，G 村村民在土地流转问题上普遍存在不信任村委的现象。首先，村民质疑每亩 300 元/年的租金是如何产生和协定的，虽然其已高于村庄内的内部性流转租金，但村民仍怀疑村委是否从中获利。其次，村民质疑村委为何如此卖力，是否有收取贿赂。亦即，在村委与村民之间也存在信息不对称问题，村委面临以前未曾有过的与土地流转相关的信任危机。第三，外来经营主体与村委签订流转合同是按市场规则，但村民与村干部之间却很难按市场逻辑行动。很多村民流转后表示后悔，想要重新要回土地，或者中途要求提高租金，甚至因此而不断上访。但村委很难满足这些特殊要求，因为村委与外来经营主体已签订合同，并且如果满足了这些特殊要求，后面可能有更多的反悔者或提高要求者将无法处理。现在，协调解决由脱嵌性土地流转产生的矛盾，已成为 G 村村干部主要的日常工作之一。

四、脱嵌性土地流转对家庭农场的挤压及其后果

（一）家庭农场土地流转与村庄的互洽

家庭农场的土地流转是嵌入性的，这种嵌入性使其与村庄能实现互洽，这种互洽不仅体现在其能充分利用村庄社会网络资源和村庄共同体规范，顺利实现土地流转，还体现在因经营方式、经营规模等原因，家庭农

场的土地流转与村庄场域能够互洽，即家庭农场的土地流转通过村庄社会网络和规范，反过来又能满足村民需求、维系村庄共同体。虽然家庭农场也是一种规模经营，但家庭农场主要依靠家庭劳动力进行经营，适度的经营规模让其具有高度灵活性，从而更符合村庄经济生活的需求。

首先，土地分散是G村的一个基本现实，也是我国大部分农村地区的基本现实，家庭农场通过动员村庄社会网络能较容易进行调地，而使其流转的土地相对集中，同时因经营规模较小，且主要是依靠家庭劳动力进行经营，可容忍一定程度的土地分散。这种可变通性是家庭农场相对于大规模经营的优势，也使其能协调不同农户需求之间的矛盾。

其次，在村庄规范和信任的基础上，家庭农场主可保证农民充分的土地自主权，因为农户可随时要回土地。但同时家庭农场主的经营稳定性也可保证，因为存在高度信任，一般情况下农户不会收回土地。而偶尔个别的农户收回土地也并不影响家庭农场的经营，且较容易通过流转其他农户的土地以补充。

第三，家庭农场土地流转与经营的灵活性，使其对于地租问题也更容易协调，农户随时可要求涨地租，也可直接退出流转。总之，家庭农场经营的灵活性以及村庄内土地流转的低交易成本，使家庭农场与农户之间的互动具有高度灵活性，从而能实现双方的互惠。所以，有村民甚至表示，宁愿把土地免费流转给家庭农场也不愿有偿流转给外来经营者，因为“我不在乎那点租钱，他(家庭农场主)种我地我放心，还能不荒了我的地”。

(二) 脱嵌性土地流转对家庭农场的生存挤压

虽然在土地流转中，内嵌于村庄共同体的家庭农场更具优势，但政府积极推动的脱嵌性土地流转对家庭农场的生存产生了挤压效应。这种挤压效应主要体现在以下几个方面。

1. 对家庭农场的空间性挤压。

企业或专业的农地规模经营属于资本投资，一般规模较大，地方政府更加积极支持这种外部性的大规模土地流转，认为大规模才是土地流转的初衷，大规模经营才是现代农业的表现，更重要的是大规模才能体现地方政府的政绩。为了推动这种企业和工商资本的农地大规模经营，地方政府以及村委不仅积极负责土地流转过程，而且为了吸引企业和工商资本投资，会按规模经营的要求进行土地平整。

村庄的可流转土地有限，大部分可流转土地被集中流转给外来大规模经营主体后，留给村庄内可进行家庭农场经营的农户就少了，而村庄内一般农户很难有资本去进行大规模经营。同时，土地平整也削弱了家庭农场经营的灵活性在土地流转中的优势。G 村较大规模的家庭农场只有 2 户，与其大部分已平整的土地都流转给了外来大规模经营主体有直接关系，且这 2 户耕种的是外来大规模经营者不要的未经平整的分散地。家庭农场主李某不仅现在经营的土地是外来大规模经营者不要的分散地，以后想扩大规模也只能利用这样的分散地。随着大规模经营的推进和扩大，农户想流转土地进行家庭农场经营的空间会越来越小。

2. 对家庭农场的经济性挤压。

外来大规模经营主体会有地方政府的各项补贴，包括直接补贴、农机补贴、种子补贴、农业保险补贴等，这些补贴的总额达到甚至超过其对农户支付的地租。所以，大规模经营主体愿意也有能力支付给农户较高地租，因为即使地租较高，他们也不会亏本，甚至不经营也能有利益，G 村的葡萄园就属这种情况。但这种不是基于经营的利润，而是基于国家补贴支撑的高地租，不仅造成了不公平的竞争以及非理性地租，还对基于村庄的共识与规范产生了冲击，从而对家庭农场经营产生了冲击。家庭农场不仅面临丧失无租或低地租的经营优势，还会因不公平竞争丧失利润而无法维系。

农民因为清楚收取每亩 300 元 /年地租后，经营者每亩的利润剩余很低，他们也许不会向家庭农场索要 300 元地租，但农民可选择把土地流转给出每亩 300 元 /年的外来大规模经营者，或者至少要求开始收取地租或提高地租,这无疑会对家庭农场的生存产生挤压。

G村在20世纪80年代时就已有外出打工人员,从此时开始就已存在村民间自发的土地流转,但一直到2010年前后,这种土地流转大部分都是免费的,或收取少量稻谷或地租。但出现300元/亩的流转租金后,收取租金开始成为村庄内土地流转的共识。家庭农场主李某有2亩流转地每年需要支付160元/亩的租金,因为这2亩是在2013年刚流转的。但是李某表示,以后可能所有流转土地都需要支付租金了。而另一家庭农场主杨某,也因出让土地者表示要涨租金,而正在考虑是否还要继续经营,因为地租上涨后,其利润太低,还不如出去打工。

3. 对家庭农场的社会性挤压。

大规模的脱嵌性土地流转的推动,不仅会直接对家庭农场的生存产生挤压,并且会产生一系列社会性后果,而这些社会性后果又会影响家庭农场的发展。

首先从对村庄共同体的影响方面来分析。大规模脱嵌性土地流转的推动,会在地理上消解村庄共同体的边界,在社会生活中改变村庄共同体的经济生活形态,还会对村庄共同体的共识和规范产生冲击,即脱嵌性土地流转的大规模推动会加速村庄共同体的解体。村庄共同体的解体也就意味着家庭农场可与其产生互洽机制的社会基础的消失,不仅家庭农场土地流转所具有的各种优势会消失,家庭农场得以存在和维系的基础也会消失。

其次,从村庄治理方面来分析。脱嵌性土地流转的大规模推动,会导致村庄治理的对象和内容的变化。村委工作越来越偏重于招揽投资者即大规模土地承包者,以及帮助大规模经营者协调矛盾、解决问题等。而在基础设施以及社会服务方面,政府也倾向于只为大规模经营主体服务。如村庄水利建设更多是以大规模经营的需求来建设,小水利建设基本荒废,小农户和家庭农场只能自己建设小水利或者干脆放弃农地经营。这增加了家庭农场经营的成本,严重的情况下,会直接阻断家庭农场的产生和维系。

G村现在撂荒的耕地多是水源条件不好、交通不便的耕地，因小水利的年久失修，这些耕地的用水很难保证，收成也就不稳定，农民不愿耕种，也流转不出去，而上面拨付下来的项目资金基本用于为了大规模土地流转的土地平整和服务于大规模经营的水利设施及道路建设。

脱嵌性土地流转的流入主体主要是外来资本，即企业、工商业者或个体户，一旦这种大规模的土地流转和经营成为主要形式，其对村庄共同体的破坏和对村庄治理结构的改编完成，村庄社会很难再培育起以农民为经营主体的家庭农场经营形式，在路径依赖作用下，这种依赖资本和政府补贴的大规模土地流转和经营会进一步强化，从农业发展来说，其与以家庭农场为主要经营主体的发展模式代表两种不同的发展路径和方向。

五、结论

土地流转环节对规模经营的影响体现在三个方面：一是土地的保障，其中包括经营规模和经营权的稳定，交易成本和地租，家庭农场通过嵌入村庄的社会关系网络以及自身经营的灵活性特征，能较好实现土地的保障；二是因社会关系网络的限制性，家庭农场的规模扩张受到制衡，从而从整体上对其形成一种保护机制；三是通过嵌入社会关系的流转方式，家庭农场能实现以高度信任为基础的非正式土地流转，从而降低交易成本，而基于村庄共同体规范和道义，家庭农场能获得无地租或低地租的待遇。这三个方面的优势，保证了家庭农场的经营和盈利空间，使其优于其他脱嵌于村庄的规模经营形式。

家庭农场在土地流转方面所具有的这些优势，来源于其嵌入村庄共同体的天然身份，即家庭农场土地流转的本土嵌入性，这种优势背后的另一逻辑在于互惠性。家庭农场利用其嵌入村庄的社会网络，以及嵌入村庄共同体的信任、规范和共识，实现资源动员和利用，从而实现土地流转和经营优势。而对于同样嵌入于村庄社会网络的其他共同体成员，即土地转出者，同样从这种网络、信任和规范中受益，土地转出者能从这种土地流转中获得对土地的自主权、村庄内“人情”的互动以及对生活的安全感，所以土地转出者更愿意将土地流转给本村的家庭农场而不愿意流转给外来的大规模经营者。

相比家庭农场，脱嵌于村庄的外来大规模经营主体在土地流转中不具备来自村庄的本土性资源优势。反之，由于不具备这种本土性的信任，以及逐利本质和大规模经营的形式和方式，外来大规模经营主的土地流转与农民的利益诉求存在本质冲突。在这种冲突下，脱嵌性土地流转不仅需支付较高的直接成本，即高地租和高经营风险，还会产生间接成本，即转移给村委的治理成本。同时，其还必须面临因土地流转而带来的经营风险的增加，这种风险来自地租的上涨和经营的不稳定性。

虽然在土地流转环节中，内嵌于村庄的家庭农场经营优于外来的大规模经营，但家庭农场在土地流转中的这些优势，是在不受到脱嵌性土地流转的挤压情况下才存在的。大规模经营的脱嵌性土地流转会对家庭农场经营产生空间性挤压、经济性挤压和社会性挤压，从而影响家庭农场的生存和发展。但地方政府的大部分支持政策、制度安排都倾向于外来大规模经营主体的经营，这不利于家庭农场的产生和发展。促进土地流转、实现农地的规模经营，更适合以家庭农场的方式进行，地方政府需要保护和促进家庭农场的土地流转，充分发挥其优势，防止大规模经营的土地流转对家庭农场的挤压。

第四节 家庭农场的劳动力雇用与管理的本土嵌入性——基于山东省个案的分析

中央推进家庭农场的意图，以及学界对家庭农场的定义，都表明家庭农场离不开适度规模经营，而在实际推进过程中，地方政府很难把握“适度规模”的大小，也并未区分大规模农场经营与家庭农场经营，多倾向于推进农地大规模流转和经营。这一方面与农地规模经营本身的争论有关,另一方面也由于学界对家庭农场的研究仍处于初级阶段。

现在学界对家庭农场的研究多集中在家庭农场的定义、特征、生成、运行机制及社会经济效应等方面(高强等,2013;伍开群,2013;杨成林等,2013;王春来,2014),多是理论层面的分析和探讨。对于家庭农场的优势也多从发展家庭农场的条件、家庭农场本身所具有的特性等角度进行论述(高强等,2013;朱启臻等,2014;黄延廷,2011),很少有从实践层面,从家庭农场的具体经营过程来讨论其经营机制及优势。即对家庭农场内部经营机制的研究还是一个未被打开的黑箱。

对家庭农场经营机制作黑箱处理,而想当然地认为其具有各种规模经营优势,把其具有经营机制优势作为讨论家庭农场特征、优势与实践的假设前提,这是本末倒置的。现有研究这种基于实证来对家庭农场内生结构进行分析的不足,将导致无法清晰地理解家庭农场的运行与实践过程,也就无法具体理解家庭农场经营的优势与适度规模的界定,更加无法明确家庭农场与大规模经营农场的本质区别。

在早期对家庭农场的研究中,曹幸穗对家庭农场经营的内在机制进行了详细论述,他对不同规模家庭农场的资源配置和经营效益进行了详细分析,从农具使用、利用传统生产要素(如劳动力和耕地资源的配置、土地生产率以及农业劳动生产率角度)等方面考察了农场规模与效率之间的关系,发现经营规模在 20 亩以上的家庭农场最能实现资源的优化配置和劳动力的有效监督(曹幸穗,1996)。

曹幸穗的讨论虽是以当时的农业生产技术和资源条件为前提,但其视角能为我们今天讨论家庭农场的经营机制提供路径。我们认为黄宗智对经营式农场的定义更接近当今家庭农场的含义,黄宗智虽然没有论述小家庭农场的具体经营机制,但他从劳动力的配置和监管角度,论述了经营式农场经营比起小家庭农场的优势,即经营式农场经营具有优势的核心是其能根据农场需求调节劳动力的投入量,以及利用家庭劳动力参与生产的优势来实现劳动力的有效管理和监督，所以黄宗智也强调经营式农场的规模限制，经营式农场会将规模控制在家庭劳动力能监管的范围内（黄宗智，1986）。

曹幸穗和黄宗智在对家庭农场和经营式农场的经营机制以及经营优势的考察中，都强调了家庭劳动力资源的配置以及家庭监管的重要性，它们是决定农场规模的重要因素。这不难理解，因为农业生产不同于工业生产，尤其在进行规模生产时。在工业生产中，因流水线作业的发达和日益发达的绩效评定体系，劳动力的生产效率较容易测定，即使这样也会产生管理成本；而农业生产因生产过程的自然性、不可分性，劳动力效率很难测定，这就造成了农业规模经营中劳动力配置和监管的难题。所以，对当今家庭农场劳动力的雇用和监管的具体考察是家庭农场经营机制以及优势的关键。在案例分析的基础上，通过比较家庭农场与大规模资本主义农场的劳动力雇用和监管，来明晰家庭农场的劳动力雇用和监管优势，以此解剖家庭农场的经营机制。

为了便于说明和分析，这里选取的是山东省S县的两个案例，但其实在笔者调查的安徽省、湖北省、广西壮族自治区，这些地方的家庭农场经营和大规模农场经营在劳动力的雇用和监管中，都呈现出相同的特征和趋势，这两个案例不仅是具有代表性的案例，也是抽象化的案例，可代表笔者所调研过的地区的普遍情况，为了便于分析才集中在两个案例的对比上。

一、“资本下乡”VS“本土崛起”：两种不同类型的农场

（一）资本下乡下的大规模农场经营

在发展现代农业、实现农业产业化的理念下，政府大力倡导以龙头企业带动农业转型的农业产业化经营，而在推进土地流转，实现农业规模经营的实践中，政府也更多是依靠外来公司、个体企业家或者有资金者来承包土地进行大规模经营，经营规模倾向于越大越好，政府对其经营规模一

般有最低限制，这就形成了现在很多地方以大量资本投入为基础的大规模农场经营。在多地调研中，发现现在地方政府推行的规模经营以这种形式为主。

这种大规模的农场经营，从经营主体、经营目的、经营方式来分析，都与家庭农场经营具有本质区别。根据对多地大规模农场经营的调查，其共同特点可总结如下：①以大量资本投入为基础，尤其前期投入大；②采用集中规模经营，机械化程度高；③大量雇用劳动力；④经营者一般是外来有一定资本者，本身不参加生产，只负责管理；⑤以追求利润最大化为目标。

为了便于深度比较与分析，在众多案例中，选取同地两个具有代表性的个案作为分析对象。调查对象位于华北平原的S县某村。S县在2011年时，开始推动土地流转和土地规模经营，积极引入外界企业或个人进入农村承包土地进行大规模经营，其规定的最低承包规模为1000亩，否则不能享受优惠政策和相应的补贴。正是在这种背景下，34岁的刘某在本县的S村承包了1100亩土地进行规模经营。刘某是资本下乡背景下大规模农场经营的典型，其经营状况和困境也是这种大规模农场经营的一个缩影。

在承包土地前，刘某做农资生意10年，同时兼业跑运输，有一定的资本基础，且其认为因自己做农资和运输生意，会在经营成本上更具优势。2011年刘某通过认识的村干部在S村完成了土地承包合同的签订，因不会种地以及对村庄不熟，刘某高薪聘请了村中4人作为代理人，帮其负责劳动力雇用和管理。但因管理不善已连续两年亏损，如持续亏损，可能会因后续资金不足而破产。

（二）自发生成的家庭农场经营

在调查中，除了上述大规模农场经营，还存在另一种农地规模经营形式，即以家庭为核心的小型规模经营。这种经营形式是在国家推动土地流转、规模经营之前，随着粮食价格上升，务农收益提高，以及大量农村劳动力外出而腾出了土地，农民通过自发土地流转形成的家庭农场经营。这样的家庭农场一般会根据家庭经营能力、家庭可投入资源状况进行适度规模经营。除了黄宗智所说的家庭农场是“适度规模”，而大规模农场经营是“规模化”外（黄宗智，2014），两者的另一本质区别在于生产组织形式不同。家庭农场是以家庭资源配置为基础，内嵌于村庄的小农组织形式；而大规模农场是以资本为基础，外在于村庄的资本主义企业式的生产组织形式。这种组织形式的不同，决定了两者具体运作机制的不同和所具有的社会意义的不同。

这类家庭农场的共同特点可归纳为：①以家庭资本的充分投入为主，经营规模控制在家庭经营范围之内；②以家庭劳动力经营为主，力求家庭劳动力的充分释放，同时，机械与人力相结合；③经营者一般是当地农户家庭；④追求家庭收入最大化。所以本节选取的另一个案是S县S村家庭农场经营的典型王某，王某是S村家庭农场经营的一个代表，也是大部分家庭农场经营的一个缩影。

S村因人均1亩地的现实情况，且是一年一熟制，从改革开放初期开始，就不断有人外出打工，且人数逐年增多。随着村庄人口的外出，村民间很早就有自发的土地流转，但多是免费，土地年租金长期维持在80～100元/亩。最近几年，随着外出人口的增多，务农收益的提高，部分农民在家通过流转土地做起了全职农民，即维持一定规模的家庭农场经营，王某便是其一。王某在本村经营果树30亩、菜地20亩，都属劳动密集型，需要大量劳动力，除了王某夫妇、王某的父母外，他们还雇用同村人帮忙完成部分环节的生产活动。王某已经营有8年，除个别年份水果价格非常低而亏损外，其余年份每年收入都在十万元以上。

二、劳动力雇用中的社会网络动员

（一）村庄劳动力市场的特点及其制约性

在S县大量农村劳动力外出的背景下，大规模农场经营者刘某与家庭农场主王某在经营过程中都面临劳动力短缺的问题。首先，因劳动力的大量外流，农村劳动力供给不足已是普遍现象，且这种供给不足更多是因质的不足而导致，即留在农村的劳动力大多为老弱劳动力，老龄化现象严重(夏莉艳，2009；李澜，李阳，2009)，S村即如此。另外，这些劳动力多为折价劳动力，是不能算作全劳动力的“残余劳动力”。即使因土地流转解放出来一些劳动力，但在实际中，解放出来的仍是残余劳动力。因为在土地流转之前，农民家庭多采取“半耕半工”形式以优化家庭资源配置，实现最大可能的家庭收入和家计维持，留在村庄从事农业生产的多是老人和妇女(黄宗智，2010)。即使有少量硬劳动力，因为做农业雇工具有季节性、不稳定性，且收入低，很少会有以做农业雇工为谋生手段的硬劳动力。在全国普遍存在的空心村现象，在S村也存在。

其次，留在农村的部分劳动力也不是无产的自由劳动力，而是嵌入家庭生产的有产半自由劳动者。大部分在农村的雇用劳动者，都不是纯粹的以雇用为生计者，而是以家庭生产为依托的一种兼业式雇用(黄宗智，2010)，他们仍需要照顾家庭生产而不是脱产的自由劳动者，所以他们的流动半径是以家庭为原点能早出晚归的距离，其雇用劳动时间也是在满足了家庭生产需要之后的剩余时间。农村劳动力的这种家庭性，以及农业生产的地域性，使农村劳动力市场以地域甚至以村落为基础，具有封闭性和地域性。

最后，在农村城乡二元结构背景下，农村劳动力以及资本是向城市的单向流动(刘远风，2014)。农村劳动力市场与城市劳动力市场之间很难形成劳动力的互流和互补，城市劳动力市场几乎很难满足农村劳动力市场上的需求短缺。虽然也有大量农民工在城市劳动力饱和时返乡，但这不是基于农村劳动力市场需求的市场性流动，并不能解决某些地方的农村劳动力短缺问题。农村劳动力市场和劳动力的这些特征，会对大规模农场经营和家庭农场经营的劳动力雇用产生重要影响。

(二) 大规模农场经营的劳动力雇用困境及其原因

在劳动力雇用中，大规模农场经营者刘某面临着一些困境。

首先，因经营规模过大，很难雇用到充足、优质的劳动力。而农业生产具有季节性，劳动力的使用也具有高集中性和季节性，刘某的大规模经营，在农忙时节经常遭遇劳动力不足，而农忙时节一旦错过便无法弥补且会造成重大损失。在这种情况下，缺乏社会网络资源的刘某往往无计可施而只能承受损失。刘某也尝试过从别村雇用劳动力，但因支付的成本太高而放弃。刘某虽也购置了一些机械，但只能解决部分劳动力替代问题，一是因资金限制，刘某无法购买需要的所有机械，并且因为承包规模只有1000亩，根本无法实现机械的充分利用，即使是已经购买的机械，比起投入，其利用率和产生的效益都很低，即机械化的成本更高；二是即使使用机械，也需要雇用劳动力，并且很多环节无法进行机械作业，例如喷药环节，刘某购买了高效率的电喷雾器，但仍需要大量人力操作。

其次，劳动力雇用成本过高。因无法掌握村庄的劳动力信息，刘某很难充分利用村庄的折价劳动力，或者不得不为折价劳动力支付全价，并因所雇用劳动力劳动效率低下而需雇用更多劳动力。同时，因劳动力稀缺以及其自身外来人的身份，刘某很难进行讨价还价。

刘某曾雇用63岁的陈某，63岁在农业生产中可算是壮劳动力，但陈某身体不好，刘某并不知此事，谈定的工钱是正常劳动力的价格，但陈某每日的工作量只有正常劳动力的2/3。于是，刘某在支付工钱时便只支付了原价格的2/3。此举引起陈某的强烈不满，并引发争吵，最后村干部协调后要求刘某支付原工资。不仅如此，后来因劳动力严重不足，刘某不得不继续雇用陈某。

刘某所面临的劳动力雇用困境也是大部分大规模农场经营者在劳动力雇用中所面临的问题。一方面，这与大规模农场规模过大、农忙时节需同时雇用大量劳动力有关。如上所述，农村劳动力大多是嵌入家庭生产的半自由劳动者，只有在满足自家劳动力需求后才会考虑给大规模农场打工，而农业生产因季节性而具有同时性，从而增加了大规模农场雇用劳动力的难度。同时，因农村劳动力市场的封闭性，大规模农场也很难通过远距离劳动力雇用来解决劳动力不足的问题。而使用机械代替人力，除一些超大规模、拥有平原优势的企业型农场外，对于一般大规模农场来说，机械的成本过高且使用效益过低。

另一方面，这与大规模农场的经营主体多是外来企业经营主、工商人士有关。大规模农场需要大量的前期资金投入和后续的资金维持，一般的农户家庭很难有能力进行大规模承包。而作为外来者的经营主，其在与当地村民（雇工）打交道的过程中，面临信息不对等以及交往权力不对等的劣势。

其一，作为外来者的大规模农场经营者，很难掌握村庄中劳动力的信息，包括劳动力的数量和质量，以及劳动力的个人背景等信息。但具有多年种植经验的劳动力（当地农民）能对大户的经营过程了如指掌，于是就形成了大规模农场经营者刘某在和村民交往时的信息不对等劣势。农业生产对劳动者的经营和技术具有很强的依赖性，掌握劳动者的个人信息尤为重要。这对于内嵌于村庄的家庭农场是轻而易举的事情，但对于大农场主却是不可能的事情。所以，家庭农场主王某雇用的劳动力一般是村里值得信赖的种田能手，而刘某雇用的劳动力质量参差不齐。

其二，作为外来者的大规模农场经营者与雇工（本地的劳动力）之间很难形成对等的交往权力关系，尤其在刘某缺少可替代交易对象的情况下更是如此。对于在村庄进行大规模农场经营者来说，雇用当地劳动力是不可回避的选择，但是对于充当雇工的村民来说，家计来源的多元化使其被大农场主雇用并不是唯一选择，这就形成了刘某在交往中的权力弱势。这种交往权力的弱势使大农场主在劳动力雇用中很难进行讨价还价，甚至在遭受损失时也很难维护自己的权益。

（三）家庭农场经营中劳动力雇用的社会网络资源动员

相较于刘某，家庭农场主王某的经营过程中很少存在劳动力不足问题。王某部分生产环节只利用家庭劳动力完成，在这个过程中，家庭劳动力进行充分的分工与配合，王某的母亲大多数时候进行辅助性生产活动，而王某的父亲及王某夫妇二人作为全劳动力参与生产。部分生产环节需要雇用村中劳动力，雇用的绝大多数是本村村民。对于是否存在雇不到人的情况，王某很有信心地表示，自己从来没有出现因劳动力问题而影响生产的状况。王某用以解决劳动力问题的策略主要有以下三点。

第一，保持适度规模。只有保持适度规模，才可以使经营活动保持在可控的范围内，不仅包括劳动力调配，还包括各生产环节的管理。同时，保持适度规模才能保持经营的灵活性，从而增强抗风险能力，这对于经营目的是维持家计的家庭农场经营来说至关重要。

第二，调整耕作模式以优化配置、利用劳动力。即通过分散劳动力作业时间达到充分利用家庭劳动力和村庄劳动力的目的，如改变种植结构以错开村庄农忙时的用工高峰期。

第三，充分利用其在村庄中的社会网络资源。在王某的劳动力雇用中，其社会网络资源优势主要体现在以下三个方面。

首先，利用社会网络资源动员一切可利用的劳动力，保证劳动力供给。因规模不大，所需劳动力不多，对于不严重的劳动力缺口可通过动员社会关系网络来解决，如动员自己的亲戚或者朋友、熟人，甚至亲戚的亲戚、朋友的朋友，且这种通过社会网络资源动员而来的劳动力具有较高的可靠性。如果家庭农场主在村庄拥有较好的人际关系，农忙时节急需劳动力时，有些农户甚至将自家的生产先暂放一边，而去帮家庭农场主完成生产活动。同在一村的大规模农场主和家庭农场主在劳动力动员中，这种基于社会网络的优劣势对比非常明显。

大规模农场主刘某曾几次遇到这种情况：头一天已经说好第二天会来给自己干活的人，因为王某也急需劳动力，结果第二天都去了王某家，等王某的工作都做完了才轮到自己，自己还不能不雇用这些人，因为很难找到可替代劳动力。

其次，利用充分的信息优势，充分利用村庄中的折价劳动力。因青壮年劳动力大量外出，留在村庄的劳动力大部分属折价劳动力。因为信息不对等，大规模农场主刘某不敢雇用折价劳动力，因为在外来大户面前，折价劳动力不会承认自己的弱劳动能力，即使实际雇用了折价劳动力也需支付全价劳动力的价格。而王某因为拥有充分的信息，在劳动力稀缺时，能充分利用村庄的折价劳动力，不仅能解决劳动力不足的问题，还不需要支付额外的劳动力成本。

最后，利用村庄共识，保证劳动生产率和生产质量，从而比大规模农场节约劳动力成本。外来者因不与村庄共享知识体系和规范体系，很难掌握村庄已经形成的各劳动环节的生产效率共识，即使知道标准，但没有共识作为支撑，刘某也很难要求雇工按标准去完成工作。而王某因与雇工共享一套知识体系和规范体系，雇工很难在效率和质量上钻空子。对于生产效率和生产质量很难进行监控的农业生产各环节，这种村庄共识为王某节省了不必要的劳动力成本。如对于每人每天能栽多少菜以及菜苗的成活率，在村庄内有一个基本共识，给王某干活的雇工会按这个共识来完成工作，很少偷工减料。

（四）比较与讨论

在农村劳动力供给并不充分的情况下，家庭农场经营因规模较小，在劳动力雇用中更具有灵活性和可控性。一方面，其通过充分动员和合理配置家庭劳动力来解决部分劳动力问题；另一方面，其通过充分利用村庄社会网络资源来解决劳动力的雇用问题。而大规模农场经营中，这两种途径都难以利用，尤其在需要大量雇用劳动力的情况下，欠缺的村庄社会网络资源使大规模农场经营很难解决劳动力的雇用问题，从而影响生产经营。

大规模农场经营与家庭农场经营在劳动力雇用方面存在的这种差异，一方面与经营规模的差异有关，但更重要的是与二者在村庄所拥有的社会网络资源有关。虽然经济学关于劳动力及劳动力市场的基本观点认为，劳动力的供需双方都是追求利益最大化的理想行动者，劳动力市场中的行为都是比较经济获得和经济损失后的结果，当参与劳动力市场的经济收益大于不参与的情况时，劳动者就会参与劳动力市场（朱国宏等，2005），但社会学研究和理论认为，劳工市场并非一个真正的市场，因为个体只有在社会关系的情景下形成并调解个人效用最大化，而社会关系迫使他们按照符合社会性的而非经济性的规则来行动，潜在的雇用者和被雇用者只有通过社会关系才能获得并且评价关系重大的彼此信息和工作信息，而这也是建立信任的必要条件，合同的建立也必须以他方持续的诚意为前提（斯梅尔瑟等，2009）。

家庭农场和大规模农场的生产经营活动都必须在村庄这个基本社会背景之下完成。而村庄作为一个熟人社会，一般是地缘共同体和血缘共同体的结合体，不仅有基于血缘的内外有别的“差序格局”网络，也有深厚的因地缘、业缘而结成的关系网络。在这样的社会关系中，被雇用者是嵌入村庄社会关系的存在，其个人效用最大化标准并非经济效益最大化，而是考虑了社会关系效用的效用最大化，所以其会优先帮助本村的家庭农场主，其更多是按照社会性而非经济性的规则在行动。在村庄共同体中，个体行动者更受村庄人际关系网络、村庄规范等影响（费孝通，1998），而不是纯粹的市场原则。同时，如前所述，农村劳动力市场的断裂性和封闭性阻碍了劳动力的自由流动，且劳动力短缺的现实，更增加了劳动力雇用的成本。在这样的背景下，经营主所拥有的社会网络资源对劳动力的雇用就至关重要。

大规模农场主与家庭农场主在村庄拥有的社会网络资源明显不一样。基于紧密血缘和地缘关系的村庄熟人社会对外来者具有天然的排斥性，作为外来者的大农场主在村庄内的社会关系属于先天弱势。而家庭农场主生于村庄、长于村庄，他们在村庄中基于血缘和地缘的社会关系广泛而深厚，拥有丰富的可利用的社会网络资源。

社会网络影响求职和收入的机制中充满信息机制、信任机制以及人情机制（张顺，程诚，2012），同样也影响村庄中规模经营主的劳动力雇用。首先，社会网络能够提供关于行动者双方更为充分的特有信息。作为村庄共同体一员的家庭农场主，通过社会网络与雇工(其他村民)之间形成的是对等、充分的信息关系，而使其在劳动力雇用中游刃有余。而对于外来的大规模农场主，劳动力的雇用是盲目的，在劳动力不充足且多为残余劳动力和兼业劳动力，以及劳动效率和质量很难进行监管的条件下，其需要支付更多的交易费用以及承担更多的风险。其次，社会网络中的信任机制，能减少家庭农场主与雇工之间的交易费用，并保证劳动效率和质量。对于大规模农场主，这种源于社会网络的信任的缺失，不仅使其支付较高交易费用，还需支付高额管理成本，以及由此产生的额外劳动力成本。最后，人情机制使家庭农场主在多种情况下都能获得相比大规模农场主的优先权，而对于对时间敏感的农业生产，这种优先权能对生产结果产生重要影响。

断裂和封闭的劳动力市场条件，对于大规模农场主是劣势，而对于家庭农场主反而可以成为优势，能以此降低劳动力成本。即农村劳动力供给不足只是相对而言，大规模农场劳动力供给不足问题，对于家庭农场并不存在，因为大规模农场的劳动力短缺主要是由劳动力质量引起的，大规模农场主因信息不对等、无法克服劳动力质量低等问题而导致劳动力不足，而家庭农场主能充分利用信息优势，利用农村大量“残余劳动力”。这从另一方面也加深了用资本替代劳动力的相对成本，使家庭农场灵活结合机械租赁和雇用劳动力的经营策略更显优势，其回避了昂贵要素即资本，充分利用了廉价要素即折价劳动力。从社会性意义来说，家庭农场的经营可促进村民就业，尤其是老年人就业，这对村庄老人的生计维持意义重大。

三、嵌入社会关系网络的劳动力管理

(一) 大规模农场经营中的劳动力管理困境

农业生产的自然性、长时性使劳动者的工作效率和质量很难测定，也无法通过计件等手段进行衡量，农业劳动力的技能水平更多依靠经验，既不可见又很难测定，更没有像资格证书一类的外在衡量手段，劳动者的工作效率和质量很大程度上依赖劳动者的个人自觉。在此情况下，非制度化的道德性约束机制就显得尤为重要。基于村庄的道德性约束很难以外来者为对象发生作用，这是外来的大规模农场经营相比较于嵌入村庄的家庭农场经营的另一劣势。

因自己不会种地以及对村庄不熟，大规模农场经营者刘某高薪聘请了村庄中的 4 人作为代理人负责劳动力雇用和管理。但刘某发现代理人雇用的多是自己亲戚，且超需求量雇人，只需 1 个劳动力的工作量，代理人却雇用 3 个劳动力，刘某付出了过高的劳动力成本。刘某与代理人交涉数次无效，最后不得不以减少代理人工资相威胁。未料 4 个代理人因其态度不好而集体罢工，而刘某因不熟悉村庄一时竟不能雇用到劳动力。

为了解决自身社会网络资源先天不足的问题，刘某采取了雇用当地人作为代理人来弥补其欠缺的信息和社会网络，然后利用代理人在村庄中的社会网络资源来解决其在经营中遇到的问题。刘某只需与代理人打交道即可，这似乎是减少交易费用的一个好办法。但问题是，刘某与代理人之间仍存在信任和监督的问题，即 A. 阿尔钦与 H. 德姆塞茨对“队生产”的经典研究中所发现的对监督者的监督难题（A. 阿尔钦，H. 德姆塞茨，1994）。此时刘某与代理人之间的交易费用有可能比与各村民（雇工）直接打交道的交易费用更高。

后来刘某采取了直接给工作组组长打电话让其找人，然后自己亲自去田间地头进行监督管理，不再雇用代理人。但亲自监督并未能解决问题，因耕种规模过大且田间管理细节烦琐，刘某从早到晚都在田头也盯不过来，总有人偷工减料，按刘某的话说：“太累了，却没有效果。”最后刘某承包 1000 亩地一年亏损约 50 万元，其中主要是因劳动力成本过高和劳动力管理不善而导致的减产。

刘某的管理困境在于，在劳动力的雇用中付出过高交易费用，劳动力监管不能有效进行而付出过高劳动力成本并影响生产效率。刘某在与代理人的交往中，处于权力弱势方，无法形成对代理人的有效制约。因为大规模农场主与代理人之间存在高度信息不对等，而信息的不对等可产生权力，即信息权力。具有信息优势的个人掌握着实际有效的权力，在委托代理关系中，代理人由于直接参与生产经营管理，对企业内部私人信息的掌握有许多便利的条件，从而占有较大的信息权力（魏明海等，2006）。同样，在大规模农场经营中，代理人掌握着村庄内部以及农业生产过程的信息，从而掌握着实际有效的权力，且代理人有更大动力与其社会网络成员结成利益同谋去损害雇主利益。

后来刘某跳过代理人直接与工作组对接，虽减少了其对代理人的那部分劳动力成本支出，但并不能解决劳动力监管问题，因为刘某与工作组长之间仍然存在其与代理人之间的问题，其仍处于交往的权力弱势地位。即使刘某亲自进行监管，也无法限制被雇用者的机会主义行为。

（二）家庭农场经营中劳动力管理的关系嵌入性

与刘某形成对照的是家庭农场经营者王某，王某虽也雇用同村人帮忙完成部分环节的生产活动，但几乎不存在劳动力管理问题。王某在农业经营的各环节（如翻地、栽菜、打药、收菜等）需要雇用劳动力时，如果所需劳动力少就自己亲自打电话喊人，如果所需劳动力多就只需给某个带头人打电话，讲清楚需要做什么、大概有多少工作量就行。然后带头人会自行组织相应工作量所需劳动力去田里干活，干完活由这个带头人去王某处拿工钱。如果需要农药或肥料等农资，王某提前准备好，对于工作完成情况，王某不需要去验收。在王某夫妇亲自参与劳动的情况下，雇工的劳动效率和王某夫妇的几乎一样，而在王某夫妇不参与劳动的情况下，劳动效率和工作质量也基本能保证，并不需要王某夫妇去监工和验收。如图 2-13 所示，村民在给家庭农场主做工，因农场主是本村人，流转的本村土地，这样的做工都是头天打电话说好了，然后村民自己骑车过来做，农场主甚至可以不用来现场。

刘某和王某在劳动力雇用中，都利用了村庄中的工作组，这种工作组是伴随农业生产中雇佣劳动的兴起，在村庄内自发组织形成的、非正式

图 2-13 家庭农场做工的现场

的、临时的劳动组织，一般是以某个带头人为中心，如果有人需要雇工，只需要给带头人即组长打电话即可，带头人一般会组织与自己关系比较亲密的人一起去干活，组织成员并不固定，规模也不固定，成员相互之间无明确契约约定或组织规则约束，但存在高度信任。在有农业雇工的地方，这种组织普遍存在，因为这种组织形式可降低雇主和雇工之间的交易费用。工作组中的带头人不同于代理人，其不从雇主处获取额外的工资，对雇主不负有固定责任。

家庭农场主几乎不存在劳动力监管问题，且能充分利用工作组这种形式以减少交易费用和管理成本，主要原因在于其农场经营是嵌入于村庄的社会关系网络之中的。对于家庭农场，劳动力的雇用和管理更多是社会关系的运用和经营，而不是生产效率和质量的监管，这是其与大规模农场经营的本质不同。无论是自己找雇工，还是联系工作组长，王某一般会找自己的亲戚或者关系比较亲密或自己非常信任之人，他们之间完全以信任为纽带而形成点对点的强责任关系，这种责任关系进而形成一种软约束，而不需要合同或其他形式的契约保证，也不需要监督。

当问及王某，如果组长不尽心尽责，怎么办？王某说："他不会，一次两次不说他，三次后再有事就不给他打电话了，他就心里清楚了，他会觉得不好意思。”而问及组长会不会耍滑头，组长回答："不会。他(王某)是信任我才找我，不负责他以后就不会找我了，以后见面了都会觉得不好意思，这关系还怎么处。"而王某也绝不会克扣他们的工钱。

家庭农场在经营中能利用社会关系，实现劳动力的雇用和自我管理，取决于村庄社会网络的信任与规范在其中起了重要作用。同嵌于村庄社会网络的家庭农场主与雇工，因同享一套知识体系和规范体系，相互间存在共识与信任。这种共识与信任对雇工形成了无形的软约束。比如在村里，人们对栽菜的共识是，一个人一天一般可栽8分地的菜，存活率可达98%，在给王某栽菜时，雇工一般不会低于这个效率和质量。而外来的大规模经营者无法利用这样的共识和信任，只能通过监管来进行约束，但农业生产很难进行监管。

刘某因为无法共享村庄各农业生产环节的效率和质量共识，亲自对一些生产环节进行试验测试，但即使进行了这种测试，对劳动力的监管也未起到明显作用。比如经过试验和测试，他发现如果用电喷雾器喷洒农药，一个劳动力一天可喷洒40亩，但村民(雇工)一天最多只喷洒10亩，在多次交涉后，日劳动效率提高了，但质量明显降低。刘某继续督促，要求同时保证效率和质量，结果是，村民集体不干了。

(三) 比较与讨论

如前所述，在村庄共同体内，行动者的行动更多是社会性的而非经济性的，而在这种社会性中，存在于村庄的共识和规范体系对行动者起到了非制度性的约束作用。对于行动者这种经济行动的社会嵌入性，波兰尼和格兰诺维特早已做过陈述。格兰诺维特认为经济行为嵌入社会结构，而社会结构的核心就是人们生活中的社会网络，信任来源于社会网络且嵌入于社会网络之中，因此人们的经济行为也会嵌入社会网络的信任结构之中(Granovetter,1985)。而这种源于社会网络嵌入性的信任能降低交易费用(Dore,1983；Lazerson,1993)，信任能降低交易双方信息不对等的情况，从而降低交易费用(Williamson,1975)，以及因嵌入关系带来了相互信任和共享的规范，促进了私人信息的交换、降低了投机风险，从而降低了交易费用(Uzzi，Lancaster，2004)。

家庭农场经营正是得益于这种密布于村庄的社会网络，以及源于这种网络的信任，其在劳动力的管理中能减少交易费用。家庭农场主与雇工以及工作组组长之间，组长与其组员之间，虽然形式上是雇主一雇工，组长一组员的准上下级关系，但内在是基于村庄社会网络信任之上的责任关系，以及这种责任关系之上的相互约束。即在家庭农场经营中，雇主与雇工的强联结以信任为基础，反过来维护这种信任又是他们行动的一个重要目标。这种责任关系是以网络路径结构为基础的点对点的形式，而不是普通意义上科层制管理中的点对面的形式。相互约束的基础也不是科层制中的上下级权威关系，而是关系网络中的信任与规范。

组长与组员之间是以组长为中心形成的关系网络，在此关系网络中，组长与组员之间形成点对点的强信任和强责任关系，也形成相互约束的规范，在这个过程中，社会网络的惩罚机制起着重要作用。普特南认为，社会网络通过各种方式对破坏人们信任关系的人或行为进行惩罚的方式而得到加强(潘玉庆，2009)。组长与组员之间正是依靠基于社会网络的惩罚机制，而作为一种非正式组织被组织起来并发挥作用。

如果组员在工作中偷懒就会增加其他组员的负担，因为组长需要对家庭农场主负责，需要完成村庄中大家共知的劳动效率并保证劳动质量，这样，一个组员的偷懒意味着其他组员要付出更多。所以如果一个组员总偷懒，最终就会面临被排斥出这个网络的局面，且很难再被其他带头人吸纳，如果带头人偷懒或不公正，或私留工钱，他面临的结果是不再有人愿意跟他，他会丧失带头人地位甚至工作机会。对于嵌入在社会网络中的个体，违信的惩罚不是物质性的，而是信任以及社会关系网络的丧失，这对于嵌入村庄社会中的个体来说是无法承受的。对于雇主，以后他很难再找到可靠的为他工作的雇工；对于雇工，以后他很难被雇用；同时，两者都会损失在村庄的信誉以及社会关系，这会影响其在村庄生活的各方面。

同样，对于家庭农场主，其与组长之间也是一种强联结关系，也会形成上述的责任与约束关系。同时，家庭农场主与其他组员（雇工）之间，也不像大规模农场主那样是无关系者，而同样是建立在以血缘和地缘为基础上的强联结或弱联结。只是在这个雇用网络中，因为个体间是点对点的责任形态，被雇用者不是直接对家庭农场主负责，而是对组长负责，所以相对而言，家庭农场主与其他组员之间是一种弱联结关系，这种弱联结关系虽然不能使家庭农场主与组员之间形成强责任关系，但也能增强组员对工作的责任心（见图2-14）。正是这种嵌入网络的信任、责任、规范和约束消解了家庭农场经营中的劳动力监管问题。

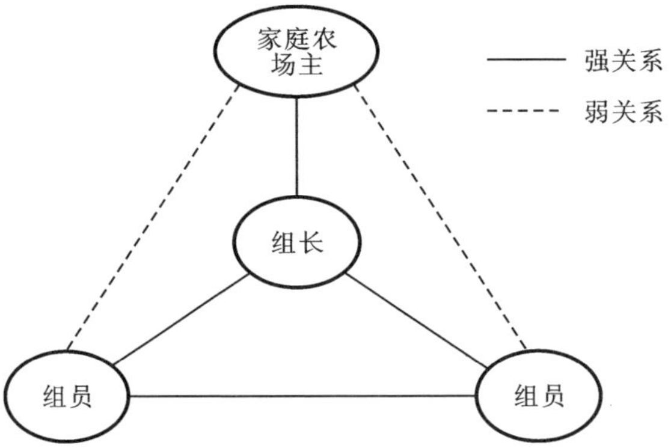

图 2-14　家庭农场主与组长及组员间强弱关系

注：在家庭农场主与组长、组员形式的社会网络中，虽然在形式上组长处于结构洞位置，但其并不具有信息权力优势，也不拥有地位权力优势，所以无法形成结构上的权力关系，此图仅表示各个体间的强弱关系。

外来的大规模经营农场主没有这种社会网络优势，相反，村庄的这种紧密社会关系网络对其劳动力管理构成一种阻碍。对大规模经营农场主在村庄中所面临的管理困境，用伯特的结构洞概念能进行很好的说明（伯特，2008）。伯特的结构洞主要说明的是在网络中因结构位置差异而产生的关系优势差异，这种差异会产生信息和权力的不对等，从而产生获利者以及被动者。

如果以结构洞的观点来分析大规模经营农场主的管理难题，我们发现外来大规模经营农场主与代理人处在高度信息不对等的位置。大规模经营农场主对当地所有情况几乎一无所知，而代理人对所有情况了如指掌，在这样的一种关系中，代理人就处在网络结构中结构洞的位置，代理人一端连接着整个地方社会关系网络，一端连接着大规模经营农场主，大规模经营农场主只能通过代理人来获得地方信息，以及对地方社会关系网络的利用(见图2-15)。所以从形式上来看，农场主是代理人的雇主，掌握着主动权，但从社会网络结构来看，代理人比大规模经营农场主拥有更多权力，在谈判中处于绝对有利地位。所以在实践中我们看到的情况是，绝大多数大规模经营农场主都要“哄”着代理人，或通过高薪，或通过建立良好私人关系的方式。但无疑无论大规模经营农场主采用怎样的策略，其仍面临高风险，因为嵌入熟人关系网络的代理人有“作弊”的动力。

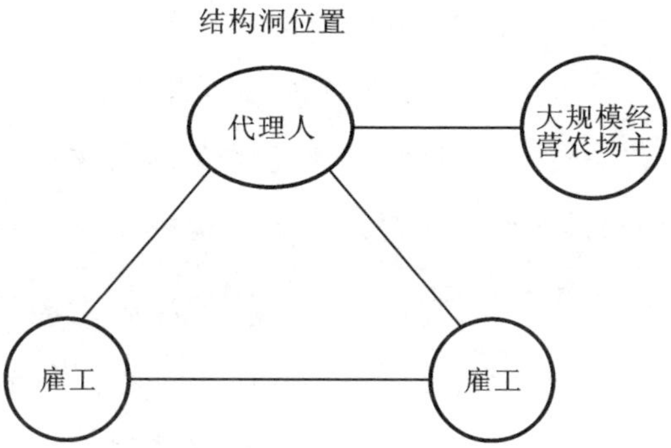

图 2-15　大规模经营农场主与代理人之间的网络权力关系

代理人与大规模经营农场主之间只是雇工与雇主的关系，且这种关系是短暂的。即使此大规模经营农场主将在此地长期包地，他们之间会存在多次交往，但在相对封闭的劳动力市场环境下，拥有村庄社会关系网络的代理人一定时间内仍会占据优势。而代理人与其他雇工之间却可能是父子、连襟、老邻居、好朋友的关系，这种关系不仅长久而且深厚，在他们和大规模经营农场主之间，代理人会更倾向于牺牲大规模经营农场主的利益。并且，代理人会为自己的社会关系网络成员谋取更多利益，会强化自己在这个社会网络中的地位，也会增加自身社会网络的紧密度，并进一步强化自己在村庄中的地位，而这些又会增强代理人在与大规模经营农场主交往关系中的权力。这种社会网络的内强化机制，会促使处于结构洞位置的代理人在其连接的不对等双方中，选择倾向于能给自己提供更多资源的一方。除了代理人“作弊”的风险，大规模经营农场主面临的另一个风险是，如果代理人在当地名声极其不好，在村庄中是特立独行无社会关系网络的个体，其与外地雇主相比并无多少优势。

四、结论

如果从组织和交易费用角度来看农地的规模经营，大规模农场经营和家庭农场经营在劳动力雇用和劳动力管理方面形成强烈对比，家庭农场与劳动力相关的交易费用明显低于大规模农场，产生这种差异的一个重要原因在于村庄社会网络的影响，即家庭农场不仅在土地流转方面，而且其具体的经营过程也是本土嵌入性的。因农业生产的特殊性，以及农村劳动力市场的特殊性，农地规模经营中的劳动力雇用和管理高度依赖村庄本土性社会网络，这种依赖对外来的大规模农场和本地的家庭农场的经营产生了截然不同的结果。

对于外来大规模农场主，其处于村庄社会网络之外，很难通过利用村庄社会网络去弥补劳动力不足的缺陷，也很难通过源于村庄社会网络的信任和规范来实现劳动力的监管。相反，在与村民(雇工)以及代理人的交往中，大规模农场主由于信息不对等、权力不对等而形成了不对等的交往权力关系，这使大规模农场主对劳动力很难进行直接管理，而在与代理人的关系中，也容易形成反被代理人牵制的局面，最终使大规模农场主在农场经营中需要支付高额交易费用，从而影响农场经营，甚至使农场经营很难维持下去。

对于本地的家庭农场主，其生于村庄长于村庄，在村庄拥有紧密的社会网络，通过这种社会网络，他们能充分动员村庄劳动力来完成生产过程，并利用充分信息优势实现劳动力成本的节约。更重要的是，通过这种社会网络以及嵌入于这种社会网络的信任、规范和共识，家庭农场经营能很好解决农业生产中劳动力的监管问题，从而克服农业经营中难以解决的交易费用问题。

家庭农场经营与大规模农场经营的这种区别，本质在于：家庭农场的经营是本土嵌入性的，嵌入村庄社会关系网络之中，其劳动力的雇用和管理不是生产效率和质量的监管，而是对社会关系的运用和经营。农业生产活动难以分工和量化，劳动效率和劳动质量的保证很大程度上依靠劳动者的个人自觉，而在村庄熟人社会中，行动者更倾向于社会性原则而非经济性原则，在这样的背景下，家庭农场与大规模农场的这种区别直接导致二者经营结果的差异，家庭农场经营比大规模农场经营更具优势。

农业生产不像工业生产那样可不受空间限制，可将生产地进行转移，其必须在村庄场域进行生产活动。对来自村庄场域的限制，农业生产很难通过“时间-空间修复”来进行化解。如对于劳动力不足的问题，农业生产很难从其他空间转移劳动力来解决；关于与村庄社会网络脱嵌的问题，农业生产也很难通过时间进行修复，因为村庄社会网络是以血缘和地缘为基础的时空累积，具有天生成员权性质。村庄社会网络以及嵌入网络中的信任，可降低农地规模经营中与劳动力相关的交易费用。村庄社会网络的先天性和排他性对发育本土家庭农场经营非常有利，却不利于外来资本的大规模经营。

第五节　家庭农场适度规模问题探析

学界关于农地规模经营和家庭农场的研究很多，但关于两者之间关系的澄清和说明却很少，而在实际的推进中，地方政府更是很难区分两者差异，多是鼓励土地大规模的流转和经营，很少有针对规模经营的前置条件“适度”的具体操作。规模经营强调的是规模化，其理论依据以及意识来源是经济学的规模经济，而家庭农场虽也强调一定的规模经营，但更强调“适度规模”，适度规模更多针对的是农户家庭经营，虽学界对这两者都有研究和争论，但在对家庭农场的研究中很少明确两者的区别与联系。

对于规模经营，学术界早有争论，这种争论主要基于农地规模经营是否存在规模经济，而规模经济是学界和政府积极推动农地规模经营的理论基础和动力来源。对于农地是否具有规模经济性，大规模农场是否优于小农场经营，国内外学者进行了大量的研究和讨论，却未达成统一意见。除对农业是否存在规模经济的争论外，更多的实证研究聚焦于家庭经营适度规模的确定。

汪亚雄通过对南方几个省的数据分析得出在当时(1995 年)的技术条件下，农户土地经营规模在 11.6 亩时，规模效益最好，实际经营规模在 18 亩以上时，则增收趋势减缓(汪亚雄，1997)。同样张海亮等人认为适度规模是个域值，规模经营者的亩均经济收益随规模的大小呈现“U”形变化趋势，就考察村来讲，适度规模应是 20～25 亩(张海亮等，1998)。张侠等人认为 0.676 公顷(10.13亩)就是我国 1996 年的平均适度规模，对应的户均适度规模为 1.682 公顷(25.23 亩)(张侠等，2002)。卫新等人通过浙江农户的数据也发现，在当时生产条件下，当农户的经营规模扩张到 2 公顷(30 亩)以上时，土地报酬就开始出现递减；超过 3.2 公顷(48 亩)，土地报酬递减十分明显(卫新等，2003)。钱贵霞、李宁辉的研究得出 10 亩应是农户适宜规模的下限的结论(钱贵霞等，2005)，并且根据粮食主产区农户经营规模和收入的数据，通过模型测算得到，在 2002 年的粮价和投入价格的条件下，粮食主产区粮农的户均最优耕地面积是 71.10 亩，其中吉林省最高，为123.84亩；其次是黑龙江省，为 122.62 亩；河北省最低，为 41.25 亩(钱贵霞等，2006)。

虽然对家庭经营适度规模的研究和讨论是以家庭经营为前提，即对以农户家庭为经营主体的适度经营规模的讨论，强调了家庭经营这个前提而不是只强调规模经营，但这些研究和讨论的基础仍是以农地的投入产出效率为衡量标准，亦即使用的仍是新古典经济学规模经济的理论基础和模型，现在对大规模经营规模效益的推崇也以此为基础。正如有学者对这些研究进行梳理后指出，现有国内外文献在对中国农地经营规模效果进行研究时，大多从投入产出角度出发，估测土地、劳动力、化肥和其他投入要素（如种子、农药、机械等）的产出弹性系数，然后根据各投入要素弹性之和来判断其规模经济性质，并认为引起学术界争论的原因在于评判规模经营的标准不统一（许庆等，2010）。

如果农业经营是否具有规模经济这个理论前提没有确定，就以规模经济作为推进农地大规模经营和家庭农场的理论基础和动力来源，或者以其作为确定家庭农场适度规模的理论依据，所得出的结论是站不住脚的，这不仅忽视了对农业是否具有规模经济的根本理论的探讨，也忽视了家庭农场所包含的理论含义。有学者指出，发展家庭农场一定要区分其与大规模农场经营的本质差别，前者强调“适度规模”，后者强调“规模化”，这种差别会产生生产组织方式的差别，而中国的国情适合发展“适度规模”的家庭农场，而不是大规模农场经营（黄宗智，2014）。那么规模经营与家庭农场之间到底是怎样的关系？规模经济能否作为确定家庭农场经营规模和组织方式的理论基础和标准？家庭农场的适度规模又该如何确定？下面将对这些问题进行具体分析和探讨。

一、农地规模经营的理论来源及其误解

（一）规模经济及其内涵

规模经济是经济学的一大发现，是新古典经济学的核心范畴，也是现代工业经济发展的基础。所以很多人直接把规模经济理论用于农业发展，认为农地的规模经营也能带来规模经济或报酬递增，认为农地的规模经营会带来平均成本的下降，能提高劳动生产率，能实现资源的优化配置等。但农业生产不同于工业生产，在农业生产中，因农业生产过程的特殊性，劳动力效率很难测定，这也是农业规模经营中劳动力监管问题很难解决的原因所在，这种特殊性也产生了其是否能像工业一样具有规模经济的怀疑。

有学者分析了农业生产的特殊性与农业生产率的关系问题，指出农业的生产力性质具有不同于工业的特殊性，因为农业生产过程是不间断的生命连续发展过程，各个环节存在严格的受自然生产力支配的继起性，这样就决定了农业分工的特殊性，使其在某些环节能实现简单协作，但却不能像工业分工一样进行专业化的流水线工作，而分工是规模经济的重要内在机制（于洋，2003；潘石等，2003）。这是由农业必须依靠“有机能源”的性质来决定的，不同于使用“无机的矿物能源”的现代工业产业，农业严格地受到人地比例的自然资源禀赋的制约，不可能像工业那样大幅度突破其制约，不可能无限度地大规模扩增产量（黄宗智，2014）。

规模经济是源自新古典经济学的一个概念，但正如杨小凯所指出的，新古典经济学在发展规模经济概念时，是作为回避角点解的一个工具，因当时数学模型工具不够，新古典经济学将微观经济分析聚焦于给定组织结构下的资源分配问题，却忽略了另一重要问题，即分工问题（杨小凯，张永生，2003）。而分工和专业化，在斯密、杨格及新兴古典经济学家看来，是经济增长的决定力量，是规模经济的本质所在（斯密，2008；杨格，1996；杨小凯，黄有光，1999）。

杨格声称，规模经济的概念忽视了分工和专业化改进生产力的效果，“表现为报酬递增的主要经济是生产的资本化或迂回方法的经济，这些经济主要与现代形式的劳动分工的经济相等同”（杨格，1996）。杨格由此指出了递增报酬不是因企业的规模而产生的，而是由专业化和分工产生的。规模经济不过是分工经济的现象描述，分工经济才是经济进步的本质。劳动生产率提高的原因并非是规模经济的效果，而是分工演进的结果（于洋，2003）。而分工的产生在于高交易效率，尤其是高劳动力交易效率，如果劳动力交易费用大于分工的好处，则会是用购买中间产品来代替劳动力的买卖，分工便不会产生，劳动力的高交易效率需要低劳动力交易费用（杨小凯，张永生，2003）。即决定是否采取分工以及分工是否有效率取决于分工产生的交易费用尤其是劳动力的交易费用，反过来说，交易费用尤其是劳动力的交易费用，决定了是否采用规模经营以及是否具有规模经济。

(二) 规模经济与农业

对于新古典经济学，交易费用并不在其分析框架之内，其对规模经济的分析，在省略分工的同时也就省略了交易费用以及与经济组织有关的内容，即企业只是一个“黑箱”。所以以新古典经济学为分析框架对农地规模经营进行的分析，是以农地规模经营的规模经济假设为前提的，在其模型中，劳动力的组织和管理是先定的，由劳动力的雇用和监管产生的交易费用也是“黑箱”之内的内容，是不用考量的，只需考虑劳动力的投入产出。这无疑会漏掉很多重要内容，这也是新古典经济学所遭受的批判之一。

另一方面，因为分工的内生性和对交易费用的敏感性，强调分工和专业化的经济学家对于农业的分工都一带而过，很少做更多分析，因为他们普遍认为农业由于其特殊性难以实现精细分工。斯密先验地认为农业中分工的协调费用高于好处，因为农业由于其本身的性质，不能像制造业那样进行细密的分工，各种工作不能像制造业那样判然分立，农业劳动生产力的增进，总跟不上制造业劳动生产率增进的主要原因，也是因为农业不能采用完全的分工制(斯密，2009)。史鹤凌和杨小凯也证明农业生产的季节性使其分工的协调费用很高，在农业中加深分工会得不偿失，即农业不适合甚至不能实现细密的分工，所以从理论上来说很难产生规模经济。

这种结论的得出主要与两方面内容有关，即农业生产的特殊性以及由这种特殊性产生的高交易费用。农业生产过程是不间断的生命连续发展过程，各个环节存在严格的受自然生产力支配的继起性，这种特性决定了其不能实行严格的专业化分工，也不能进行专业化流水线作业(于洋，2003)。基于阿尔钦和德姆塞茨团队生产的研究，传统经济理论一般认为，由于团队生产中的机会主义行为，集体农作的效率是低的，因为农业生产的特性使农业生产采用雇佣劳动或强迫劳动方式的监督成本很高，且生产者的劳动也很难进行计量（黄云鹏，2003），亦即农业的分工会产生高过其好处的交易费用，基于分工和专业化是规模经济的本质，农地的规模经营是很难具有规模经济性的，这也是斯密和杨小凯以上定论的结论。除斯密和杨小凯之外，规模效益的研究者基本上都认为，除非有某些非常特殊的情况，否则农业上的规模效益根本不存在（罗伊·普罗斯特曼等，1996）。

（三）家庭农场及其适度规模

从以上理论梳理可以发现，规模经济的概念用于农业分析并不恰当，但如果从分工和经济组织的层面，把农场作为一个经济组织，来分析家庭农场经营的优越性、家庭农场经营规模的边界以及农业经营的适度规模问题，却是非常有用的工具。此时，农业生产的特性及其交易费用就不是决定有无规模经济的角点解，而成为一个影响农场规模的重要连续性变量，不同规模农场存在不同交易费用，而当交易费用大于规模扩大的好处时，便是农场规模的临界点。

在农场规模扩张过程中，与劳动相联系的交易费用是影响总的交易费用的重要部分，在大农场与家庭农场之争中，劳动力的交易费用是核心因素。大部分对农场规模与生产率之间关系的研究都表明，主要依赖家庭劳动力的农场明显比主要依靠雇用劳动力的大农场更具效率，所以农场的规模经济一般体现在深加工或市场营销过程中，而很少存在于农场经营过程中（Binswanger，et al，1993）。

虽然劳动力的交易费用是影响农地规模经营的一个重要因素，但在现在国内关于农地规模经营研究中，相关研究并不多，虽偶有提及（林善浪，2000；黄云鹏，2003；罗必良，2014），但从组织层面看，对农地规模经营中劳动力交易费用产生的机制研究却很少，也鲜有从这个角度来考察农场的适度规模问题，而规模经营中的劳动力交易费用直接影响农场的经营效益和规模。这种研究的缺失可能与我国普遍存在的大规模经营就是要用机械代替人力的认识有关。

机械化的确可提高劳动力生产效率，但当农场规模扩张到一定程度时，机械化也需要解决劳动力的交易费用问题。同时，农业生产的特性决定了其某些生产环节无法实现机械化或机械化效率不高。并且，用机械代替劳动力，在很大程度上取决于资本和劳动力的稀缺程度，以及机械化产生的效益与总效益的关系。我国政府对农业机械的购买实行强力补贴政策，即使这样，对很多农场或农户来说，机械成本仍太高。刘凤芹对东北农场的研究发现，即使非常适宜机械化耕作的东北平原，其机械化水平和使用的机械马力都不是最高的，原因就在于机械化成本太高（刘凤芹，2006）。因此，在政府的高补贴下讨论机械代替劳动力的效率是没有意义的。

从以上理论梳理我们可以看出，对家庭农场的适度规模起决定性作用的是交易效率，而不是投入产出比，交易费用决定了家庭劳动力资源和其他资源的利用和配置，也就决定了家庭农场可扩展的规模。现有关于农地规模经营的研究，没有认识到规模经济的本质是来源于分工而不是单纯的规模扩大，也就没有重视农业生产与工业生产的不同，忽略了农业生产的难以分工性，从而忽略了交易费用对于家庭农场适度规模的影响。

二、家庭农场适度规模的确立机制

（一）家庭农场经营中的交易费用机制及其优势

农业无法实现精细分工，也就很难实现工业化的规模经济，但并不是说农业生产就是规模越小越好，小规模的家庭生产也许能实现最低交易费用，但过小的规模会影响家庭劳动力资源和其他家庭资源的充分利用和有效配置。黄宗智和曹幸穗通过对明清华北和苏南的家庭农场的详细考察，指出低于一定规模的小农家庭农场，其经营存在家庭劳动力的多余投入以及其他资源的非有效配置（黄宗智，1986；曹幸穗，1996）等问题。

小农家庭经营或者家庭农场经营并不是没有分工，其家庭内的分工也有利于提高农业经营活动的效率和规模，但其家庭内的分工不是精细化的也不是专业化的，却是低交易费用的。家庭农场也可通过一定的规模扩大来实现更优的组织方式和资源配置，但其规模并不能无限扩大以实现工业化的规模经济，而是有一个界限，否则会因分工的交易费用过高而得不偿失。而其最佳经营规模的界限，取决于家庭农场经营的内部交易费用的优势在何处被更大范围和更精细的分工所消解。

通过上文的分析可以发现，家庭农场的优势在于，既能实现一定的规模经营又能克服交易费用问题，尤其是劳动力的交易费用问题。而在中国现阶段，家庭农场的这种优势主要有两个来源，一个是家庭，一个是村庄共同体。

首先，以家庭经营为组织方式、主要依靠家庭劳动力经营的家庭农场，能实现家庭内成员间的低交易费用。交易费用的产生主要来源于信息不对等和不信任，在家庭成员内部，这两个问题都很容易解决，所以即使家庭成员内部也有一定的分工协作，但这种分工和劳动力的配置是低交易费用的。同时，主要依靠家庭劳动力进行生产的另一个好处在于，当家庭农场经营在必须雇工时，家庭又作为一个具有内聚力的整体，能对雇工进行有效监督，从而降低交易费用。我们可以有这样的预设，一个有三个家庭劳动力的家庭农场比起一个有两个劳动力的家庭农场，其能经营的更大规模不是一个劳动力的最大耕种规模，还包括这个劳动力能进行有效监督的雇工数的耕种规模。

其次，家庭农场的经营主体是农户，作为村庄成员，农户能利用村庄熟人社会关系降低农场经营的交易费用。村庄作为一个熟人社会，一般是地缘共同体和血缘共同体的结合体，不仅有基于血缘的内外有别的“差序格局”网络，也有深厚的因地缘、业缘而结成的关系网络，在有限的空间里及漫长的时间里，各种网络关系的交织和互动形成了彼此全人格性的交往和深入互动的熟人社会，具有密集的社会关系网络和高信任度。在空间和时间上都深嵌于村庄的农业经营也必将嵌入这些社会关系网络之中。家庭农场可利用其村庄成员身份，在资源动员和配置，尤其是劳动力的雇用和管理方面，发挥社会关系网络优势，来实现信息的获得和信任的建立，以降低交易成本。

（二）家庭农场的优势限制及其规模制约性

从另一面说，家庭农场的这两个优势来源也恰恰是其限制性因素。即家庭农场的经营规模会受两个方面的限制，一是家庭规模，二是村庄共同体社会网络。前者更多指家庭劳动力的多寡，也包括家庭劳动力的经营能力。如前所述，当雇工数超过家庭劳动力的监管范围时，家庭经营的优势就会降低甚至消失，这也是黄宗智指出的限制经营式农场规模的主要因素。后者不仅包括家庭农场经营主个体以及家庭的社会关系网络的大小及优劣，还包括村庄共同体本身社会资本的累积状况。

家庭农场虽受益于基于村庄共同体的社会网络，嵌入社会网络的信任和规范虽然很好地化解了家庭农场经营中劳动力雇用和劳动力监管难题，但其社会网络基于村庄社会的血缘和地缘关系，所以受时间和空间的限制。在村庄有限的空间和在漫长时间内形成的社会网络范围小、紧密性强，由此能产生高度信任和强规范性。但也恰恰是村庄形成的空间性和时间性决定了家庭农场规模扩张的范围，家庭农场主的这种社会网络一般只限于村庄范围内，甚至村庄中某些特定的人群，如自己的亲戚和近邻，超出这个范围，家庭农场主很难拥有这种社会网络的支持。所以家庭农场的经营规模一定程度上受社会网络范围的影响，很难将经营规模扩展到社会网络之外。超出这种社会关系网络之后，家庭农场主便会同样面临外地大户所面临的劳动力雇用和监管的问题。

换言之，比起大规模农场，家庭农场的经营优势在于能充分利用本土性社会网络优势，尽可能降低在经营规模扩大中产生的交易费用，从而节约生产成本、保证生产质量、顺利完成生产过程而实现收益最大化。但随着家庭农场规模的扩大，家庭农场主仍会面临农业生产在分工和专业化方面的局限，即高昂的交易费用会使家庭农场主得不偿失，这在于家庭农场主赖以降低交易费用的社会网络资源的规模是有限的。所以家庭农场的适度规模很大程度上依赖于家庭农场主能起作用的社会网络资源的大小以及村庄共同体本身所具有的社会资本情况。

家庭农场主肖某经营60亩菜地,由于个人原因,他在村庄的社会网络不如其他家庭农场主。在劳动力使用高峰期,肖某很难雇用到足够的劳动力。为了解决生产问题,他派专人专车去别村雇用劳动力。起初,他很庆幸,在邻村能雇用到足够的劳动力,每天能接到30个左右,且劳动力价格要比本村每人每天便宜20元,即使除去每天的路费、伙食费,每个劳动力的日成本也不会高于本村。但是,3天后,肖某就放弃了去别村雇用劳动力,因为这些劳动力很难监管,劳动效率和劳动质量远远跟不上本村劳动力,计算下来所需支付的劳动力成本远远大于预算。最后,肖某不得不缩减其经营面积。

家庭农场主的个人社会网络,根据其个人禀赋和品质有可能比村庄范畴大,也有可能小于村庄范畴,或者与村庄范畴重合,因地缘性关系,也可能跨村庄存在。但根据社会网络承担的主要功能,家庭农场主的社会网络可分为社交性社会网络和生产性社会网络,这两种网络可能重合,也可能不重合。因为要求高度信任,在家庭农场主农业经营中起作用的社会网络往往不会太大,一般为家庭农场主的核心社会网络,网络成员往往与家庭农场主是强联系。即在家庭农场的劳动力雇用和劳动力管理中,更多是"强关系"的社会网络在起作用,而强关系的社会网络范围是有限的。一个农户家庭,其弱关系社会网络,也可能只刚好覆盖整个社区的大部分成员,其强弱关系的联合网络能比此更大一些(苟天来等,2010)。家庭农场主在农场经营中所能获得的村庄社会网络支持是有限度的,这一定程度会影响家庭农场的经营规模。

另一方面,村庄之间也具有很大差异,不同的村庄共同体所拥有的社会资本并不一样,其能为成员提供的社会支持也大不一样。在社会关系紧密、内聚力强、地方性规范强、拥有丰富社会资本的村庄,家庭农场能更多、更有效地获得村庄社会网络的支持。而在社会关系松散、地方性规范不强、社会资本不太丰富的村庄，家庭农场能获得的村庄社会网络支持是有限的，这在一定程度上也影响着家庭农场的经营规模。

三、结论

规模经济的本质在于分工和专业化，而不是单纯的扩大规模，农业生产的特殊性决定了其很难进行精细的专业化分工，所以农业很难实现工业化的规模经济。但农业经营也不是规模越小越好，家庭经营也存在一定的家庭分工，一定的规模经营能更好地实现家庭劳动力和家庭资源的配置和充分利用，这也是家庭农场所追求的目标，即适度的规模经营。但是何为适度？这取决于家庭农场经营内部交易费用的优势在何处被更大范围和更精细的分工所消解。因为规模经济的本质在于分工和专业化，而分工的产生在于高交易效率，尤其是高劳动力交易效率。如果劳动力交易费用大于分工的好处，则会是用购买中间产品来代替劳动力的买卖，分工便不会产生。当农业经营扩大到一定规模，高昂的交易费用会抵消由分工带来的好处，这也是家庭农场经营具有优势的原因所在，即通过家庭经营以及村庄社会资源降低交易费用。同样，家庭农场优势的来源也是其扩大规模的限制因素，一旦其经营规模超过家庭劳动力经营和管理的范围，家庭农场所具有的优势就会减小或消失，其对村庄社会网络的利用也受经营主个体及家庭的社会关系网络、村庄共同体本身社会资本的累积状况的影响。

那么家庭农场的规模到底应该为多大，其不仅与地域的生产条件（机械化程度、农技应用程度、水源气候条件等）、土地流转情况、所种植作物种类等因素（因为这些因素都会对家庭劳动力的经营和管理能力产生影响）有关，也与家庭农场本身家庭劳动力的多寡及经营能力有关。在这些条件既定的情况下，家庭农场的规模很大程度上还取决于家庭农场主可动员的核心社会网络的劳动力资源。所以家庭农场强调适度规模，不是指规模经济意义下的适度规模，而是强调与本土条件、家庭经营能力、村庄社会资源相适应的适当规模的家庭经营形式,重点不在于规模,而在于组织形式。

同时,这种社会网络由于反市场性而具有限制性。因为基于熟人社会建立起来的社会网络,一般是基于私人关系,以情感为纽带,其对市场性的自由竞争、利益导向甚至公平等规则具有排斥性,而更多遵循村庄共同体规范,重视人际情感和信任,对于处于这种社会网络之外的人具有排斥性。这些特性不利于外来资本的大规模经营,但对发展本土家庭农场经营却非常有利。

第三章 小农户、家庭农场与大农场的联系与区别

无论是小农户经营，还是家庭农场经营和大规模农场经营，在不同的条件和时期，都发挥过积极作用，也各有利弊，并无绝对的优与劣，只有最符合实际情况的经营形式。

现在对家庭农场的理解的一大分歧在于，部分学者倾向于古典定义，即等同于小农户经营，部分学者倾向于将家庭农场理解为是规模经营的一种现代形式。在不同的理解和解释下，家庭农场的组织形式和经营机制是完全不一样的，也就会产生不同的实践指导，即以家庭经营为核心的小规模经营还是以资本为核心的大规模经营，而这种不同最终会导致中国农业改革完全不同的走向和结果。

无论是小农户经营，还是家庭农场经营和大规模农场经营，在不同的条件和时期，都发挥过积极作用，也各有利弊，并无绝对的优与劣，只有最符合实际情况的经营形式。所以，弄清小农户经营、家庭农场经营以及大规模农场经营之间的联系和区别，以及现实的局限条件，是指导实践的先行工作。这种厘清有利于明确各种经营形式的优缺点，从而针对不同的政策目标，结合各自的优缺点进行有针对性、综合性的改革。

结合前面对家庭农场与大规模农场的比较分析，我们可从经营主体、经营形式、经营目的以及经营效果几个方面来分析小农户经营、家庭农场经营和大规模农场经营之间的区别与联系，并结合中国实情论述其各自的优劣。

第一节　小农户经营

一、定义

按土地和农民的关系，即根据马克思的生产资料占有关系和劳动力雇佣关系，农民有一个从封建制时代向资本主义时代分解、转化的过程。在封建社会，农民无论作为佃农还是自耕农，有一个基本的特征：农民是自己的生产资料与自己的劳动直接结合的小农，对于不能拥有土地所有权，他只需要用地租的形式来弥补。但资本主义的发展将生产资料和劳动分离，并让劳动者从属于所有关系，在这个过程中，农民从土地上被驱逐并与土地分离，于是农民的分解和农民阶层的消失也不可避免。

如果按照经营形态划分，与资本主义经营和企业家经营相对应的是小农家庭经营，我们暂称其为家庭农。按照马克思和列宁的主张以及新古典经济学的理论，随着资本主义的发展、农民的分解和消失，家庭农也会随之分解消失，最终取而代之的是资本主义形式的大规模农场或称工业化农场。但实际上，不仅在各发展中国家，包括企业农发达的发达国家，尤其欧洲各国，都还保留着大量的家庭农。这里的家庭农，其实就是恰亚诺夫的小农家庭农场，即与讲究集中和规模化、追求利润最大化的企业农相比，家庭农是不使用雇用工人，只利用家庭劳动力来生产，同时对所拥有财产进行合理分配来维持生产和消费均衡的农户，同时其通过对家庭劳动力的过度榨取以及过小消费的自我剥削的方式来提升其生存能力，从而保有顽强的生命力（恰亚诺夫，1996）。在此基础上，恰亚诺夫指出，小农家庭经营凭借其独特的组织形式和生存逻辑而具有顽强的生命力，从而难以实现马克思所说的小农的分解消失。

而在广大的第三世界国家，家庭农在应对外部巨大的解体压力时，其又具有了比恰亚诺夫所说的小农家庭农场更多样化的生存策略。第一策略就是尽量使家庭成员的经济活动多样化，以使家庭收入最大化，同时最大限度地抑制消费；第二策略就是让一部分家庭成员到城市就业（김홍주，2002）。亦即家庭经营多样化和家庭人口外移，这两种策略充分体现在明清时期长江流域的小农家庭经营中，其通过农业和副业（包括手工业）的结合或者农业和外出就业的结合而使小农家庭经营具有了顽强的生命力和强大的竞争力，从而打败了经营式农场（黄宗智，2000）；这也体现在当代中国农村农民的“半工半耕”和以代际分工为基础的半工半耕的生计策略中（黄宗智，2006；贺雪峰，2012）。显然这里所说的家庭农、小农家庭农场，相对于本节所要讨论的问题以及本书所定义的家庭农场，都属于小农户经营的范畴，具有相同的本质，即上面恰亚诺夫所阐释的小农家庭农场的性质。

二、我国的小农户经营

20 世纪 80 年代初实行家庭联产承包责任制后，土地虽然名义上归集体所有，但对农民来说，生产资料和劳动是结合的，农民完全具有独立的人权和自由，他们依靠自己所拥有的那份土地和家庭劳动力来生产，并对家庭劳动力进行农内及农外就业的合理配置，以及对所产、所得进行合理的消费来维持家庭经营和进行劳动力再生产。到城市打工只是农民维持家庭经营的一种策略，其重点仍是家庭经营，这种家庭经营是一种典型的小农经营方式，即以家庭为单位，完全或主要依靠劳动者自己的劳动，独立经营小规模农业，以满足自身消费需要为主。

根据市场经济的发展、国内劳动力市场的变化对小农家庭劳动力分配策略的影响，我国的小农经营可按时间的纵轴分阶段来考察，而在纵向发展过程中，根据家庭经营规模和家计维持方式又可将农民划分为两类，即一般小农和贺雪峰提出的中农，这里的中农并不是阶级划分方式中的中农，只是小农的另一种形式。

按阶段来看，第一阶段是改革开放初期，劳动力市场还不发达时。中国人多地少，人均耕地少，同时城市化低、农外就业机会较少，小农经营在很长的一段时间内都是黄宗智所说的“内卷化”的经营，即通过在土地上无限投入劳动力来增加土地的产出而不计劳动生产率(黄宗智，2006)。这种小农的经营具有以下特征：①资本投入的有限性；②机械投入的有限性；③劳动力投入的无限性；④以满足家庭消费维持家庭生计为目标；⑤尽可能地规避风险。这些特征反映出的小农经营逻辑：降低成本、规避风险。这里的成本不包括劳动力成本，因为对于地少、劳动力多、农外就业机会少的农户来说，劳动力并不算成本。这是强生存压力下小农的生存逻辑，此时小农经营的特点是高效益但不是高效率。

此阶段的小农经营也最符合斯科特的风险规避型农民特征，因为生活的艰难，使其没有太多余地和余力去进行风险投资，以获得利润，更多是尽可能地维持家庭生计，避免决策失误而使家庭生计陷入危机，所以其行动逻辑更多是规避风险。此阶段家庭经营的目标是维持家庭生存而不是盈利，完成的功能也主要是家庭人口的再生产、粮食的稳产和农村社会稳定。

第二阶段是随着工业化、城市化的加快，城市对劳动力需求的增加导致了农外就业机会的增多，即劳动力市场发达时，以前大量隐藏于小农家庭经营中的剩余劳动力被释放，出现了“半工半耕”的家庭经营方式。第一阶段与第二阶段并无明确的时间分割点，从第一阶段向第二阶段的转换是渐进的。这种“半工半耕”包括两种方式：一种是劳动力资源的季节性分配，即农忙时在家务农，农闲时外出务工；一种是劳动力的分工协作，即家庭劳动力中的一部分在家务农，一部分在外务工。

此阶段，由于劳动力市场的发达，劳动力的市场价格已经是家庭进行劳动力配置时考虑的要素，此时小农经营相对前一阶段具有以下特征：①资本投入的增加；②机械投入的增加；③劳动力投入的减少；④以辅助家庭经济、维持家庭稳定为目标。此时小农经营的特点是不再无限地投入劳动力甚至不再投入劳动力，在劳动力市场化的背景下，家庭劳动力配置策略中劳动力市场价格成为重要考量因素。相对于务工收入而言，务农收入较低，所以在进行家庭劳动力配置时一般将次级劳动力，即在劳动力市场中无竞争优势的劳动力（如老人和妇女）用于农业生产，或者只将劳动时间的很少一部分用在家庭土地耕作上。此时家庭经营的逻辑已不是生存逻辑，而是如何实现最大家庭收入的逻辑，小农经营已经趋向讲究效率，家庭经营的目标是实现家庭收入最大化，土地耕作只是作为家庭经营的策略之一，甚至只是辅助性策略，其经营目标是维持稳定不亏本。其完成的功能是家庭人口再生产、养老以及城市劳动力的供给。但此时家庭人口再生产的功能已与第一阶段的有所不同，更多作为应对在城市进行人口再生产成本太高的策略，所以其功能更多是一种辅助性的。

这两个阶段小农经营的共同特点是低收益，这种低收益在全国不分地域，具有普遍性，如笔者调查的五地(见表3-1)，内蒙古自治区的调查村庄人均耕地面积为5亩左右，但土地产量较低，且一年一季，每亩纯收益在400～600元，山东省、安徽省和湖北省的调查村庄人均耕地面积少一些，为2亩左右，但土地产量较高，且一年两季，每亩纯收益在1000～1200元，广西壮族自治区的调查村庄人均耕地面积为1亩左右，但因气候原因，一年可种多次且适宜种植经济作物，虽收入波动较大，但平均每亩纯收益能有2000元左右，亦即调查的各地无论人均耕地多寡，年人均耕地收入普遍都在2000元左右。这种低收益与生产效率无关，而是与家庭耕地面积和粮食价格有关，在小农经营下，粮食单产已经很高，但由于所耕作面积太少，在粮价基本稳定的情况下无法实现收益的增加。

表3-1　各调研点土地收益概况

调研村	耕种模式	人均耕地/亩	亩均纯收益/元
内蒙古自治区	一年一季	5	400～600
山东省、安徽省、湖北省	一年两季	2	1000～1200
广西壮族自治区	一年三季或更多	1	2000

注：① 人均耕地面积只是取大致均数，因20世纪80年代初分田到户时多以生产队为单位均分土地，故同一村内各生产小组的人均耕地略有差异；

② 亩均纯收益因水田与旱地有差别，丰年与歉年有差别，不同农户的也有差别，故取最低和最高范围值，但广西壮族自治区最高与最低差异巨大且不稳定，故取了中值。

主要受家庭耕种面积和粮食价格限制的务农低收益决定了小农的土地耕种只是作为维持家计的手段，且还需要通过去城市务工来作为补充，甚至城市务工是主要手段，土地耕种只是辅助手段，其土地经营方式也就主要是一种维系性经营。

三、小农户经营的另一种表现——中农

中农的产生是第二阶段更深入发展的结果，即农村青壮年进一步流出，农业劳动力开始出现过疏化。村庄内部自发产生了土地流转，耕地开始向劳动力充裕的家庭集中，便形成了“中农”。这个中农并不是土地改

革时期所划分的中农，其更大程度上是“中坚农”的意思，是小农的一种扩大形态，即耕种了一定规模土地的小农，虽与小农有一定差别，但其内在组织形式、经营机制和逻辑与小农一样，它是农业劳动力由过密化向过疏化转变过程中的自然产物。中农经营的特点：①资本投入的增加，主要是家庭积累的资本；②机械投入的增加；③劳动力投入的增加，但不使用雇工；④追求收入最大化，且主要来自农业。中农的出现和发展有着深厚的村庄基础，其规模的形成需要依靠村落共同体熟人关系的支持，但同时也受这种熟人关系网络的限制，而其经营的持续和生计的维持更需要依靠村庄的地方性共识。

中农与一般小农的最大差别是，因有一定规模的土地，从而能实现家庭劳动力在农业经营中的较充分释放，家庭经营主要通过农业经营来实现，即通过农业经营实现家庭收入最大化，农业经营不再仅仅是一种维系性经营或补充性经营。在所调查的村庄中都存在这样的中农，内蒙古自治区的中农户均耕地面积约 40 亩，山东省、安徽省和湖北省的中农户均耕地面积约 20 亩，广西壮族自治区的中农户均耕地面积约 15 亩[①]。这样的规模并不是农民进行规模效益最大化的运算后所确立的规模，而是基于村庄社会基础自然形成的。

首先，中农的出现需要村庄一部分农户的“奉献”，即低价或无偿转让土地。这种奉献是建立在地缘和血缘关系之上的，亦即村庄熟人社会基础上，也是建立在村庄熟人社会互惠原则上的。中农一般具有相似的群体性特征，即 60 岁以上、仍有较强务农能力的农民，因为这部分农民在劳动力市场上已不具备竞争力优势，但在农业生产领域却算是最好的“熟练技术工”。而同样，出让土地的农户也具有相似的群体特征，非强即弱，要么是年轻能获得较好非农收入者，要么是病弱无法再从事较多农业生产者。于是在高信任度的村庄熟人社会中便实现了互惠性的转让，中农获得了大量耕地，维持了家庭收入和生计，但需要提供一定粮食作为补偿或

① 仅代表调查村庄的情况。

保持土地肥沃不被荒废，最重要的是提供了随时都可归还土地的信誉保障。转让土地者提供了对自己已不太重要的土地，但获得了口粮保障或有人帮忙打理田地，以及保持田地“所有权”的好处。

其次，中农只能是一部分农民，且只会是中农，很难变成“大农”。因为村庄内土地有限，并不能无限度地流转承包到土地，一个中农需要好几个农户出让土地来成全，有时一个村庄全部的土地也许只够成全十来个中农。同时，留在村中的中农，一般是能力中等者，靠外出务工并不能获得足够收入，也没有其他更好的生活出路，所以通过耕种一定的土地来获得收入以维持家庭生计成为家庭生计策略的最优选择。以调研的五地为例，如果乘以各调研村庄的亩均纯收益，各调研村庄中农的耕种规模可保证农户纯收益在1.6万～3万元，这基本与两个中老年劳动力的打工收益相当甚至更高，也与当地农村家庭平均生活水平相当。如前所述，比其更弱者，无法经营如此规模的土地，比其更强者，有比务农更好的收入来源也不愿耕种土地。所以在前面的家庭农场经营主体的分析中，我们发现，家庭农场经营主体中来自以前的种田大户即中农的并不多，只有少部分具有实力的中农最终成为家庭农场主。

可以说，中农是农外就业机会增多、农户家庭收入多元化、农业劳动力开始由过密转向过疏化的阶段性产物，其仍是小农户经营的一种表达。如果以现在家庭农场的经营形式和发展趋势回头去看，中农也可称为一种过渡性存在。

四、小结

一般小农和中农经营有一些共同特点。

(1)低监管成本。一般小农和中农的生产都是家庭劳动力的自雇，无须监管。

(2)劳动力平级化。在以家庭为生产单位的生产中，存在自然的分工与协作，无论是家庭内劳动，还是田间劳动，对于家庭的生存和生活来说都是必不可少的，故不存在男性劳动力和女性劳动力、青壮年劳动力和老年劳动力的分级与市场估价。

(3)对外独立性。这种独立性表现在两个方面：对外部劳动力市场的非依赖性和对资本的低依赖性。对外部劳动力市场的非依赖性不仅意味着生产中对外部劳动力市场的非依赖性，还意味着家庭经营对外部劳动力市场波动的钝感性。小农经营基本不需要大的投资，基本没有农户为了土地耕作去银行贷款或通过其他方式来融资，这种对资本的低依赖性，降低了其对市场的依附性。

(4)对内依赖性，即对村庄的依赖性。这种对村庄的依赖性与对外部市场的独立性是此消彼长的关系，这种对村庄的依赖性使小农经营与村庄呈现一种互洽关系。

无论一般小农还是中农，他们的经营是与村庄融为一体的，即小农就是村庄，村庄就是小农，小农既是生产方式也是生活方式，他们的生活构成了村庄的社会生活。这种相融体现在个体对由个体组成的村庄整体的依赖性上。这种依赖性包括以下三个方面。

第一，劳动合作上的依赖。小农经营追求最少成本，这种成本更多是经济成本即现金成本，所以小农的资本投入、机械投入较少，这样很多的农业生产环节就需要互相换工协作。

第二，公共品供给上的依赖。小农的耕种面积小，分散性强，一家一户无法单独实现公共品的供给，小农必须在互惠的基础上实现村庄的公共品供给。如图3-1所示，小农的经营，土地是小块分散的，家庭小型拖拉机就能完成翻地，一般依靠自家劳动力就可完成生产。

第三，生存道义上的依赖。在长久的小农经营过程中，村庄成员形成了相互依存的共生关系，在此基础上形成了防止村庄崩溃的防御机制。这种防御机制在制度层面上表现为村庄规范，在心理层面上表现为道义共识，为了保证村庄成员的共同生存，村庄规范更多倾向于维护共同利益并保护弱者，人们也形成了互惠共生的共识。这种逻辑不仅体现在生产

图 3-1　小农经营的耕种方式

协作、生活互助等日常生活方面，更体现在土地的流转、地租的形成与支付、公共品的供给等半经济行为当中。

第二节　家庭农场经营

在详细阐述了小农户经营的特点和发展之后，在理解了中农的过渡性特点以及前面对家庭农场的经营机制做了大量考察后，我们再来对家庭农场经营特点进行总结和理解就容易多了。本书中对家庭农场内涵的阐述和定义，在前面章节已做了详细论述，并不是恰亚诺夫或黄宗智所说的小农家庭农场，他们的小农家庭农场的含义更适合分析上面所阐述的小农户经营形态。恰亚诺夫和黄宗智所定义的小农家庭农场，更适合农村劳动力市场不发达、农外就业机会少、农村存在高度人口压力的情况。恰亚诺夫阐述的小农家庭农场甚至可以说是存在于静止、封闭的农村社会，没有劳动力市场，也没有与市场的商品进行交换。

当今中国的具体情况与上述条件不符，我们对家庭农场的定义以及实践中发展起来的家庭农场的内涵，更接近于黄宗智所说的经营式农场，即不存在人口压力、释放了家庭劳动力、家庭资源实现了优化配置并以一定的盈利为目的的家庭生产，即以家庭为单位组织生产，以家庭成员为主，进行适度规模经营，以充分发挥家庭经营能力，家庭主要收入来自农业，并不强调不雇用劳动力，也不强调一定是小规模经营，但强调生活的中心在于农业经营。但从其定义和内涵我们可以看出，在经营机制的本质上，比起大规模农场经营，我们所定义的家庭农场更接近恰亚诺夫的小农家庭农场。

比起小农户经营，家庭农场的经营特点为：①资本的充分投入；②机械与人力相结合，但更多使用机械；③家庭劳动力的充分释放，并雇用一定数量的劳动力；④追求收入最大化，并考虑盈利；⑤具有一定冒险性。虽然这些特点看起来与一般小农差异不大，与中农经营更是接近，但这些细微的差别却蕴涵了深刻变革。

首先，家庭农场已很少受维持家庭生计压力的影响，其经营已具有一定资金基础。如前面的研究发现：家庭农场经营主体多为精英群体，有较好的家庭收入与社会资本，家庭农场的经营已不再是斯科特所说的，为了生存而坚持“安全第一”、不愿冒险也冒不起险的小农，而是有更多余地和余力进行经营性投资，考虑一定的盈利性和冒险性，以此来追求家庭收入最大化。比起小农户经营，家庭农场的资本投入更充分，其有能力也有更多动机对农业生产进行充分投资。

其次，在资本充分投入的前提下，在追求家庭收入最大化的动机下，家庭农场经营更有能力和动力推进生产的机械化。在调查的案例中，家庭农场在播种、农药喷洒、收割、晾晒等环节普遍比小农户使用更多的机械操作。机械化不仅能提高生产效率，节省劳动力成本，同时，机械化的使用能使家庭成员可经营与管理的面积最大化，从而提高家庭经营规模。另一方面，如曹幸穗研究发现的那样，一定规模的农场更有利于各要素的合理配置和充分利用，如农用工具使用方面，小农户由于耕种面积太小，无法齐备所需所有农具以及进行各种农具间的协调利用，最终导致劳动生产率和土地生产率的下降(曹幸穗,1996)。家庭农场生产的机械化也具有同样的效果,能实现家庭各生产要素包括劳动力要素的优化配置和使用效率。如图 3-2 所示,家庭农场经营要求更大规模且最好是连片的耕地,对大型机械利用较多。

图 3-2 家庭农场机械利用较多

第三,家庭农场经营的另一特征是家庭劳动力的充分释放,并雇用一定数量的劳动力。因具有了一定的经营规模,不必承受黄宗智所说的"内卷化"压力,尤其能充分吸收和利用家庭中的次级劳动力,即在劳动力市场上很难找到工作的高龄或女性劳动力,从而实现家庭劳动力的充分释放和有效利用。不仅如此,家庭农场还通过雇用劳动力来扩展家庭经营能力。在农业生产中,判定家庭劳动力剩余与否不能按农闲时的工作量来衡定,同样,判定家庭劳动力充足与否也不能按农忙时的工作量来衡定。如果因在农忙时需要雇用劳动力就判定经营规模过大,超过了家庭经营能力范围,会导致家庭劳动力的非充分利用。家庭农场通过在农忙时雇用一定数量的劳动力,可提高家庭劳动力的利用率和耕种规模,以及协调各要素的优化配置。

虽然以上几点只是在小农户经营基础上在各方面有所改进，但这些改进使家庭农场经营比小农户经营更具有活力、创新性和改革性。因家庭农场经营主要以农业生产为家庭生计以及家庭收入的主要来源，而不再是以农业生产作为副业或辅业，从而具有更强动机通过农业实现家庭收入的最大化。这使家庭农场经营主体能将所有精力集中于农业生产，并积极进行资本投入，引进新技术，改进种植模式和种植技术，创新农业经营形式等。

同时，家庭农场因经营的村庄本土性，仍具有小农户经营的本土资源优势，实现嵌入式经营，从而降低交易成本和生产成本。另一方面，因家庭农场拥有比小农户更多的村庄外资源，其经营在某些方面比小农户经营也更有优势，如农资购买、新技术引进、信息获取、农产品销售等。而家庭农场经营的村庄嵌入性同样也对村庄产生了影响。一方面其实现了农民增收，在当今农村空心化趋势下有利于村庄整合和村庄生活的活性化，但另一方面也可能带来农村分化的进一步加深和固化，这些问题是家庭农场发展中我们需要关注和进一步考察的问题。

第三节　大规模农场经营

一、大规模农场经营及其特点

这里的大规模农场经营更接近恰亚诺夫所说的资本主义企业农场，在实践中的代表包括以企业为主体的大规模经营以及以大资本为基础的个体大规模经营，亦即我们在前面安徽的案例中所说的500亩以上的、以资本为基础的、雇用式经营的农场。当然，现在在国内发育的大农场的规模虽因地域的差异而有所不同，如在东北，因地势平坦，主要种植玉米，大机械使用率高，大农场的经营规模可达几千亩；而在长江流域，土地平整度不高，且主要种植水稻，大农场的规模就要小得多，500亩就可算大农场经营；而广西壮族自治区等地多丘陵，且多种植经济作物，100亩就可算大农场经营。但无论规模如何，大农场经营的特点相同：①大量资本投入，是以资本为基础的经营；②采用集中规模经营，机械化程度高；③大量雇用劳动力，采用企业式经营；④经营者本身一般不参加生产，只负责监管或分红；⑤以追求投资回报和利润最大化为目标。

当然，在现阶段中国的现实条件下，比起小农户经营，以资本为基础的这种大规模经营在很多方面都具有优势。如：可以尽可能地以机械替代劳力；具有外部规模化效益，通过集中大规模购买，降低化肥、种子、农药等价格，从而降低生产成本，通过大规模销售提高卖出价格或直接开加工厂等外围加工企业来增加外部效益；可通过大规模经营提高总体收入；能享受政府数目不小的补贴。

正是大规模经营所具有的这些优势，使大规模经营更优于小农户经营成了大规模经营者和政府的“常识判断”，而农地的规模化经营能产生规模效益也是众多学者的“理论常识”。在访谈中，几乎所有大规模经营者都说，在决定大规模承包土地之前都经过多方打听，仔细算过账，认为肯定不会亏本后才开始投资。例如，山东一承包 1200 亩的大户，在大规模承包土地之前，做农资生意 10 年，自认为对农业生产是有经验的，承包土地之前，他算好即使每亩付 1000 元的地租，每亩也能赚 300 元，而 1200 亩每年就能赚三四十万元。

但如前所说，农业生产不同于工业生产，具有强自然性，而这种自然性使其在与劳动力结合时就要求劳动过程具有高灵活性，这就使得农业规模经营不同于工业中的规模经营，其劳动力因素成为一个更不可控的因素，而恰恰劳动力要素在农业经营中具有重要作用。大规模经营者和政府的精细计算并没有错，但这种依据经验的计算在现实操作中出现了“反常识”的结果。在几个调研点中，除了内蒙古自治区的大农场因经营的是土豆，而近两年土豆的市场很好，故经营者有利润，而山东省和安徽省种植粮食的大规模经营者都亏本，且入不敷出。

大规模经营者的经营亏损看似都具有偶然性，但实则具有必然性。

如安徽省大规模经营者的亏损，很大原因是因为2009年的雪灾、2010年的风灾，而山东省大户说是因为2013年的雨水太多。这些自然原因的确是直接原因，但对于农业生产和小农来说，这样的天气灾害年年都在发生且无可避免，除了极罕见的天灾外，很少听说小农户经营因为一次早来的雪或一次大风而亏本甚至破产，即使在2009年、2010年的安徽省和2013年的山东省，同个调研点的小农也没有出现大规模经营者的亏损。大户的这种亏损，表面看起来是天气原因，但背后却有着更深层的经营机制原因。

二、大规模经营在中国实践中的困境

其实在大规模经营所需的各种条件都完备的情况下，大规模经营不一定能亏本。如在“理想条件”下，美国的农场在高度机械化、土地平整化、种植单一化以及现代生物技术的充分利用下，大规模经营能提高效率、节约成本，尤其是节约劳动力成本。但实现美国这种大规模经营效果所需要的很多“理想条件”(如极广阔的土地和极少的人口，能进行大量廉价的能源投入尤其是石油能源的投入，政府的大量补贴，以及发达的生物技术、机械化水平和管理技术等)在中国都不具备，甚至世界上再无另一国家能具备。无论从硬条件水平，如高人均耕地、丰富廉价的能源和资本、广阔平整的土地、发达完善的水利道路等基础设施和机械化水平等，还是从软条件水平，如现代生物技术的应用，管理人员和从业人员的技术、知识水平、管理体系等，中国现在都无法达到美国大规模经营的“理想条件”，也就很难实现预想的美国大规模经营的效益。

在各种条件并不十分成熟的情况下，大规模经营遭遇了一系列可能在理论上并不是问题的问题。如在实际调研中，发现很多大规模经营者的困境都来源于劳动力成本和劳动力管理，而这与很难实现有效的劳动力替代直接相关。无法实现有效劳动力替代的原因有很多，如直接原因机械化水平，间接原因劳动力的机会成本、农业技术发展等。

从机械化对劳动力的替代作用来看，目前我国这种替代水平显然是不高的。现在我国农业机械化水平不仅低，而且还存在技术含量低、农机服务和产业化服务水平低等问题（冯启高等，2010）。这些问题直接影响农业生产中机械化的普及，同时农业机械化还受地形、资本等限制。首先，除少数平原地区外，很多地区的地形复杂、高低不平，且中国长期的小农经营造成的地块小型化、分散化，都不利于耕地的集中成片及平整，很难实现完全的机械化，尤其不利于大机械的使用。其次，机械投入成本高，且利用率低。大规模经营者很难支付全套高昂的机械购买和维修成本，即使购买了机械，也会因利用率低而增加生产成本。再次，机械使用成本高。在调研中，机械购买者普遍反映机械质量差、耗损大、维修费用高，相关技术支持不够，这都增加了机械的使用成本。最后，相关社会化服务的不到位难以弥补以上不足。机械租赁服务本可以降低大规模经营者的机械使用成本，并满足机械的多样化需求，以提高大规模经营者的机械利用率和降低机械购买和使用成本，但也是因上述原因，目前我国与机械相关的租赁服务和社会化服务水平都很低。

农业劳动力的机会成本也会影响农业机械的普及化程度。对于大多数小农户经营和家庭农场经营来说，家庭的次级劳动力的劳动力机会成本很低，所以在很多的耕种环节，家庭农场主宁愿让家庭劳动力投入得更多甚至无限投入，用来代替机械使用。这也是恰亚诺夫提出的为何在俄国小农经济中机械化推广很难的原因（恰亚诺夫，1996），也是曹幸穗提到的明清时期苏南小农宁愿用大量原始劳动力而不用牲畜的原因（曹幸穗，1996）。同样，对于今天的中国小农来说，将无法实现农外就业、很难获得农外收入的家庭次级劳动力投入农业生产，从而节约购买机械和租赁机械的费用是合理而划算的，这仍然是今天中国小农能战胜大规模农业经营的秘密所在。但这影响了农村农业机械租赁市场以及相关社会服务和产业服务的发展，从而不利于大规模经营者对农业机械租赁服务以及其他社会化服务的利用。但是，另一方面，即使农村剩余劳动力的机会成本很低，对于大规模经营者而言，用劳动力代替机械的成本仍然很高。

除此之外，现在的农业技术水平和农业生产基础设施水平也制约了大规模经营者劳动力的有效替代。现在农村农业生产的水利设施基本还是集体化时期修建的，严重老化，且出现市场失灵和政府失灵的双重困境，无法满足农业生产需求(罗兴佐等，2005)。农村道路等其他基础设施建设，以及农业技术水平的落后，都会对农业生产减少劳动力的使用产生阻碍。农业技术水平和农业生产设施水平的落后，使现阶段很多环节的农业生产活动必须依靠大量人力。比如在调查中，大规模经营者需要雇用劳动力最多的地方不是播种或收割环节，而是田间管理环节或意外情况发生之时，包括水渠、水沟的疏通维修，灌溉排涝的管理，农药喷洒，倒伏庄稼的人工收割等，而这些环节又是很难进行劳动力监管的环节，这都大大增加了大规模经营者的劳动力成本。

对于农地的大规模经营，无法实现有效的劳动力替代，后果是明显而严重的，不仅会增加直接的劳动力成本，更会增加管理成本，这两者是大规模农业经营的主要困难所在，也是直接影响大规模农业经营能否盈利的关键因素。

在几处的调研案例中，大规模经营者总结亏本的原因有：一是劳动力成本太高；二是管理不善造成产量不高；三是劳动力数量和质量不高。而这三个问题的核心其实都是劳动力管理的问题，几乎所有大规模经营者都抱怨：农民干活效率不高，磨洋工现象严重；农民干活质量不高，造成产量降低；雇工不好雇，严重影响了生产的正常进行。即大规模经营者的问题在于无法实现劳动力的有效组织，以及很难对雇工实行监管，达到好的监管力度和监管效度。

农业生产无法像工业生产那样进行专业化的流水线工作，对劳动产品也无法用统一的标准进行衡量，所以很难对雇工采取有效的惩罚-奖励的激励机制，工作效率很大程度上依赖雇工的自觉，但在大规模经营者眼里，“农民都是不自觉的，怎么都没办法管好”。监管无力导致的直接后果是必须雇用过量的劳动力，从而增加了直接的劳动力成本。且在农业生产中，劳动力监管具有连锁效应。监管无力，后果不仅在于劳动力成本超出预算，更严重的是无法监管造成的对“产品质量”不可控，这对最终的生产成果可能是毁灭性的。比如，在水稻种植过程中，水稻成熟前有一个放水晒田的过程，只有经历了这个过程，水稻才会灌浆低头最后长出饱满的大米，但如果放水晒田时机不当，过早或过晚，或烤晒不够，都会直接影响水稻的产量。农民自己耕种时，很多时候是不分昼夜地关注，而在大户经营中，如果在这个过程中所雇用的农民没有充分的责任心，不利用只有自己掌握的经验知识来管理这个过程，而只是按照雇主吩咐早上去把水沟挖开，下午再去把水沟合上，这就会影响最后产量。

农业生产是一环扣一环的，其管理也需要一环扣一环，在一个环节出错，便会产生连锁反应，可能导致最后整体的失败。所有环节中只要有一个环节出错最后可能都是全盘皆输，且农业生产具有不可逆性，失误后很难有弥补的余地。大规模经营要求大量资本的投入，且农业生产不像工业生产，其投资回报周期长且利润率低，在遭受三年的亏本后很难有大规模经营者还能支撑下去，这也是大规模经营抗风险能力低的一个原因。

这些看似是自然灾害问题，但实质都是管理问题。这是一系列连锁反应，最终会使生产的劳动力成本大大超过预算而导致亏损。大规模经营者一直纠结于降低劳动力成本的问题，因为每亩地除去地租和成本后的纯利润并不高，一亩地多用几个劳动力就不会有任何利润可言甚至亏本，所以很多时候大规模经营者选择把减产的水稻或倒伏的水稻弃而不收，因为所收稻谷的利润还不抵所支付的人工费用。而劳动力成本太高不仅仅在于日劳动力工资太高，更在于劳动力的劳动效率不高，从而让大户对请人工“望而却步”，亦即高劳动力成本不仅在于劳动力价格高，更在于耗在管理问题中的隐形成本，几乎所有被调查的大规模经营者最困扰的问题都是劳动力管理问题。所以大规模经营者认为解决所有问题的关键在于提高劳动力的替代率，几个稍有财力的大规模经营者试图通过购买更多的机械来解决这个问题，但效果并不明显，反而使自己陷入了资金危机。

三、困境背后的冲突机制

虽然大规模经营的困境似乎是由机械化水平、农业生产基础设施水平、农业技术水平等落后而造成的低劳动力替代率而产生，但是否解决了这些技术性的问题之后，中国就能实现美国式的大规模经营了呢？其实不然，问题在于中国的现实很难解决这些技术性的问题，而且比起这些技术性因素，社会性因素对我国大规模经营起着更重要的影响作用。美国的大规模农场经营能实现上述"理想条件"是以其国家的地广人稀、廉价的能源、高政府补贴和发达的农业生物技术为前提的，美国很早就没有了农村和农民，只剩产业化的农业。但中国不仅人口总数多，农民数量更多，几乎不可能消灭农村和农民，只剩大规模耕地来给资本进行产业化的农业经营。同时，在中国资本和能源都是昂贵的，整个社会不可能支持大规模农业经营所需的大量廉价资本和能源，这也就决定了中国的农业很难实现低成本经营。

以上这些限制，决定了即使中国推行大规模农场经营，在很长时间内都会在一个"非理想化条件"下进行，且必须会在村庄这个社会背景下进行，其经营不可能脱离村庄社会和农民。达到"理想条件"的不可能性，以及经营的村庄嵌入的必然性，使得大规模农场经营中的劳动力问题成为一个社会性问题，而不是技术性或硬件问题。在这样的背景下，大规模经营者面临的管理困境的实质是其经营活动无法实现与村庄的对接。

大规模农场经营的一个显著特征是以资本投入实现利润的最大化。资本的逐利本性使其对"人情"具有天然的排斥性，而在熟人社会的村庄共同体中，人情是联结村庄的纽带，是村庄生活的基本原则之一。大规模经营者作为资本的代言人，其所面临的困境恰恰也反映了当市场经济逻辑遭遇传统社会时所面临的困境。

大规模经营者的外来者身份和逐利的本性这两个普遍特性影响了其与村庄的对接，而这两点又很容易互相强化，最后导致与村民矛盾的激化。如上所说，大规模的农地经营需要大量的资本投入，尤其前期投入大，且其回报周期长，一般农户很少能有这样的资本、能力和勇气去进行大规模经营，现在进行大规模经营的经营者一般是外来的具有一定资本者，5个调查地点的大规模经营者中没有一个是村中农户，甚至没有一个是农民，这种身份就决定了其对于村庄来说是外来者，而村庄是熟人社会，这种熟人社会对外来者也有天然的排斥性。同时，大规模农场经营的最终目的也是唯一目的就是利润，这种逐利的本性决定了其与作为熟人社会的村庄的生活逻辑、价值观念以及地方性规范的冲突性。这些冲突具体表现在如下几个方面。

（一）生活对接的冲突

村庄熟人社会是生活的世界，村民遵循的是生活的逻辑，而大规模经营者在村庄只是进行经营活动，遵循的是经营的逻辑。村民注重礼尚往来、人情往来、日常交流和互动，而对于大规模经营者这些完全没有必要也没有意义。同时，村民的生活需要养鸡养鱼、种菜种豆，而对于大规模经营者，村民的这些行为都影响了其经营行为，因为大规模经营需要依靠村庄来提供基本的经营设施，如道路和水利，这就必然会与村民的生活需求产生矛盾。如村中池塘，村民希望用来养鱼，而大规模经营者要指望其灌溉；村民需要养鸡，大规模经营不能有牲畜的破坏；没有了土地的农民希望在大户田埂上种菜种豆，而大规模经营者需要自己的耕地通风。村民的生活世界与大规模经营者的资本经营被置于同一场域之中，村民生活的需求与大规模经营者的需求不可避免地产生了资源的争夺，也就不可避免地会产生矛盾，而这种矛盾背后是更深层次的价值冲突。

（二）价值对接的冲突

大规模经营者无法也不想融入村庄生活，也就不能理解村民的生活和感情需求。很多大规模经营者因经营需要虽住在村庄，但基本不参与村庄的人情往来和其他村庄公共性生活，他们对自己的定位就是追求利润的经营者，所以他们关心的只是如何更多地降低成本、增加利润，其行动逻辑自然也就是市场逻辑。所以对于他们而言，不准村民在其田埂上种菜种豆、要求供水灌溉都是维护自己的正当利益，是理所应当的。而给年老劳动力更少的工资、减扣工作不达标者工资都是遵循市场竞争原则，是合情合理的。

但对于村落共同体成员来说，其遵循的是互惠互助、人情面子的礼俗社会的价值逻辑，他们很难体会大规模经营者对利润的敏感，也就很难理解大规模经营者对利润的算计，所以很难接受大规模经营者的要求和算计行为，这就更增加了村落对大规模经营者的排斥。而当大规模经营者行为严重触及其利益或伤害其自尊时，很多农民甚至采取了消极性抗争行为，如看到大规模经营者农田的水渠破裂了而幸灾乐祸不去帮忙维修，故意让自己的鸡去大规模经营者的田里吃庄稼，甚至偷掉大规模经营者田里的庄稼等。

(三) 经营对接的冲突

大规模经营者在生活与价值上无法与村庄实现对接，对其经营产生的直接后果至少有两个:①无法盘活当地劳动力市场，这是其劳动生产率低下、劳动力成本高的一个根本原因;②经营的冲突性，如前所说，农业生产不同于工业生产，其对劳动力的需求是季节性的，劳动质量很难实现监管，而在农村青壮年劳动力大量外出打工的情况下，农村劳动力已很难实现充足供应，且多为次级劳动力。

同时，现在的大规模经营仍多是自然劳动，所雇用的劳动力并不需要也没有条件接受专业训练，工业工厂工人的一些基本职业准则不能起作用，他们所遵循的仍是家庭劳动的习惯和准则。在这种背景下，在生活和价值上都与村庄存在冲突的大规模经营者也就基本无法盘活当地的劳动力市场，这对其生产产生了严重的后果:一是无法保证劳动力的量，而农业生产具有强季节性、时令性，且一环扣一环，一个环节因劳动力不足而导致的生产跟不上就可能是绝收;另一后果是无法保证劳动质量和效率，在劳动质量和效率难监测的情况下，质量和效率保证很大程度上靠劳动者的自觉，在熟人社会关系中，基本不需要质量和效率监管，而大规模经营者与村庄的冲突性决定了其很难享受这种“好处”，大规模经营者每日为劳动监管所苦恼也就理所当然了。

四、小结

中国的实际情况决定了大规模农业经营的村庄嵌入性，即因软硬件条件的限制，农业的大规模经营无法实现去村庄化的工业化经营，而必须是嵌入村庄的社会化经营。同时，大规模农场经营的本质又使其天然无法与村庄社会相容，从而产生在生产、生活等各方面的冲突。大规模农场经营是以资本投入为基础、以盈利为目的的企业性经营，其必然以市场为导向，追求利润最大化，所以遵循的是市场逻辑，而村庄以熟人社会为基础，遵循互惠互助、人情往来的价值逻辑，其对市场逻辑和市场规则具有天然的排斥性，这是大规模农场经营与村庄社会不相容的根本矛盾所在。这种矛盾不仅体现在大规模农场的生产经营活动中，更体现在与村庄的社会矛盾冲突中。

如图 3-3 及图 3-4 所示，大规模农场经营必须采用集中化规模经营，

图 3-3　大规模经营的大规模成片土地

图 3-4　大规模经营需要雇用劳动力

需要大规模成片的土地，需要依赖大型机械、现代化设施，需要大量雇用劳动力，且经营者本身一般不参加生产，这种特点使其与村庄社会不相容的特性在生产经营上产生了严重后果，即很难实现劳动力的雇用和有效管理来降低经营的交易费用和成本，甚至导致了经营的亏损和无法进行。这种生产经营上的矛盾与价值冲突互相强化，并形成了恶性循环，生产经营上的矛盾本质上是由于两者的根本价值不同而产生的，同时生产经营中的矛盾又加深了大规模经营者与村民之间的社会矛盾，又进一步强化了价值冲突。这不仅不利于大规模农场的经营，更不利于村庄社会的整合和村庄生活的和谐。

第四节　比较与讨论

小农户经营能充分利用本土性资源，实现农业经营与村庄生活的互洽。这种互容、互洽是天然的，是小农的本性，也是村庄的本质，即他们的经营与生活和村庄融为一体，小农就是村庄，村庄就是小农，小农既是生产方式也是生活方式，他们的生活即构成了村庄的社会生活，从而形成一个整体性的、具有整合性的村庄共同体。这种本土性资源很难进行移植或转让，具有天然成员性特征。

同时，小农户经营也具有一定的保守性，即家庭生计维持的脆弱性和艰难性使其具有规避风险的特征，虽不是完全遵循斯科特所说的“安全第一”的生存法则，但规避风险是其家庭生计策略以及农业经营策略所考量的重要因素，这使得小农在农业经营上具有一定的保守性。另外，由于大量农外就业机会的产生以及农村社会保障的不完善，小农户经营越来越倾向于黄宗智所说的制度化的“半工半耕”模式，以及贺雪峰所说的以代际分工为基础的“半工半耕”模式，这两种模式更多是家计维持型。在这种模式下，农业经营成为小农户维持家计的补充手段之一，用以完成低成本的养老和人口再生产等功能，小农户经营的这种趋势增强了小农户经营的保守性。小农户经营的这种保守性使其在农业生产中对资本投入有限，这种有限是由于资本本身的稀缺性以及农民对风险规避的考虑。同时，小农户经营的这种保守性也使其没有足够的动力去引进新技术，进行农业创新。

与小农户经营相反，大规模农场是以大资本为基础，以追求最大利润为目的，其对农业能有充足的资本投入，且为追逐利润甘冒风险，有足够的动力去采用机械、引进新技术进行农业创新。但在现今中国的现实条件下，大规模农场经营无法脱离村庄，也无法实现完全的工业化生产，以机械代替劳动力，而其本质与村庄社会是冲突性的而非相容性的，这使其不仅无法利用本土性资源，还面临与村庄的价值对接以及生活对接的冲突，从而导致经营对接的困难，很难实现美国式大规模农场经营的效益，反而陷入经营困境，并对农村社会产生负面影响。

家庭农场不同于小农户经营，但其仍是以家庭劳动力为主的家庭经营组织形式，且主要以农户为主，尤其以村庄农户为主，具有一定规模的经营面积，从这个层面上说，家庭农场是小农户的扩大形式。但家庭农场的经营目的不同于小农户经营，其已不再是维系型经营或者补充型经营，而是以农业收入为家庭主要收入来源，以农业生产为家庭主要生计方式，追求家庭收入的最大化，也比小农户经营具有更多的资金资本和社会资本，所以其又具有了大规模农场经营的一些特点，有一定的冒险性，有足够的动力去进行农业投资、引进技术或进行农业创新。但其经营本质又不同于大规模农场经营，不需要通过工业化的大规模经营去无限追求利润的扩张，也就不需要去村庄化的经营条件以及其他大规模农场经营所需要的“理想条件”，其经营也是村庄嵌入性的，所以能像小农户经营一样充分利用本土性资源，实现经营的村庄互洽性，在利用村庄外资源方面又比小农户经营更胜一筹，同时也能像小农户经营一样发挥整合村庄的社会功能。

所以，以与村庄关系来论小农户经营、家庭农场与大规模农场的区别的话，小农户经营与村庄是天然一体、互容互洽，家庭农场经营是嵌入村庄又高于村庄的，大规模农场经营无法实现与村庄的对接。以三者之间的优缺点来看的话，家庭农场经营是小农户经营的扩大形式，保留了小农户经营的优势，同时又具有大规模农场经营的优势，但没有大规模农场经营的劣势和问题。以三者之间的生存空间来看的话，大规模农场、家庭农场和小农户是一种竞争关系，家庭农场与小农户是一种互可转换的关系。大规模农场不仅会排挤家庭农场，更会消灭小农户；而家庭农场不会消灭小农户，反而会与小农户互相转换，根据家庭人口、家庭功能、家庭需求以及家庭资源的变化，小农户可以转换为家庭农场，家庭农场也会转化为小农户。这种区别会造成对农业、农民和农村影响的本质性不同。

家庭农场与小农可互相转换，在生产与生活方面是相融的。

第四章 大规模农场经营与小农的解体

土地规模经营的实质是依靠资本下乡实现农村经济的进一步市场化，而传统的村落社区在面对市场经济的侵入时必然会产生转变的“阵痛”。

第一节 个案概况

一、个案选取与调查

土地规模经营的实质是依靠资本下乡实现农村经济的进一步市场化，而传统的村落社区在面对市场经济的侵入时必然会产生转变的“阵痛”，首先感受到这种阵痛的便是农民，尤其是在打工经济浪潮中没有出去以及没能出去的在村农民。这种资本的入侵遇到中国特有的土地制度以及城乡二元结构，对农户家庭生计以及农民会产生怎样的影响？

什么是农民？很多学者从不同的层面总结过关于农民的定义，但这些定义中的农民最根本的共性就是依靠土地直接通过农业生产来满足自己大部分的需求，即农民是依附于土地从事农业生产的，是具有一定自足性的，而生活方式也是以村落共同体为载体的传统生活方式(Wolf,1969; Shanin,1971; 刘豪兴,2008;刘畅,2008)。所以从这个意义上来说，一些学者认为随着资本主义在农村的发展，农民层仅仅作为前资本主义时代的残存而存在，但这也许只有西方国家是这样，在发展中国家，这种定义上的农民不仅存在而且还大量存在。1978 年实行的家庭联产承包责任制，实质是将集体经营转化为农户家庭经营，用农户家庭经营策略所具有的优势来克服集体经营的低效率。

家庭联产承包责任制实行后，土地虽然名义上归集体所有，但对农民来说，自己的生产资料和自己的劳动是结合的，也没有与地主的附属关系，农民完全具有独立的人权和自由，他们依靠自己所拥有的那份土地和家庭劳动力来生产，并对家庭劳动力进行农内农外就业的合理配置，并对所产所得进行合理克制的消费来维持家庭经营和进行劳动力再生产。到城市打工只是农民为了维持家庭经营的一种战略，其重点仍是家庭经营，所以也就如很多学者所发现的那样，农民工并没有把城市当作他们的家，也没有打算留在城市，大部分农民工都是有返乡预期的，他们在城里攒的钱都是要拿回去用的(李强，2005；贺雪峰，2010)。农户的这种生计模式以及生活方式在为推进大规模农场经营而进行的土地流转后发生了深刻变化。

我们通过对进行了土地流转和大规模经营的三个个案的具体分析，来探讨土地集中进行大规模农场经营后农民生计、生活发生的变化。因考虑中国南北农业生产条件的极大差异性，本研究选择了气候、地理环境、资源条件、农作物等完全不同，但都位于中西部地区，在2008年后进行了规模化土地流转的三个村庄作为调查的对象，即北部内蒙古自治区的海村、中部安徽省的河村、南部广西壮族自治区的云村。

具体的研究方法主要是问卷调查、访谈和参与观察。对于农村调查，受应答者文化水平、认知能力的限制，问卷调查存在很多不足之处。在实际调查中，笔者还发现，农民面对录音机、问卷和笔的正式调查会紧张，从而影响问卷和访谈质量。在各个调查村，外出打工的不在农甚至达到农户的半数，问卷很难达到统计分析所需的样本数。所以，比起问卷调查，更多采用了访谈和参与观察的方式。

因为村落是熟人社会，对于不在村、不在农的信息通过其他村民尤其村民小组长可以得到。除了一般村民和村民小组长，访谈对象还包括村干部、党员、承包大户、企业家以及村庄的权威者、经济精英等。同时考虑到行政村的范围太大，除了对土地流转实施的考察是在行政村范围里进行的，对农户具体家庭经济活动的变化等的分析则是在村民小组一级进行的，尤其在大部分农村地区，一个村民小组其实就是一个自然村，家庭联产承包责任制改革时的土地分配也是以村民小组为单位进行的。在考察农民和土地关系的变化时，以村民小组为单位进行分析更符合实际，于是在各行政村内又分别选定了A、B、C三个村民小组。三个个案的基本情况如表4-1所示。

表 4-1　内蒙古自治区、安徽省、广西壮族自治区三地调查个案的概况

	内蒙古自治区 A 村民组	安徽省 B 村民组	广西壮族自治区 C 村民组
气候	温带大陆性气候	亚热带气候	热带气候
耕地类型区分	山坡地、水浇地	水田	水田、旱田
熟制	一年一熟	一年两熟	一年三熟
主要农作物、经济作物	玉米、小米、黄米	早稻、晚稻	水稻(中稻、晚稻)桑树、蘑菇、茉莉花
农户数	55	28	103
人口数	160	88	426
人均耕地面积/亩	5	1.4	4.3
土地流转时间	2009 年末	2008 年末	2010 年初
土地流转期限	1 年	7 年	永久
土地流转类型	政府主导型	政府主导型	政府主导型+集体经营

二、内蒙古自治区 A 村民组

内蒙古自治区的海村位于内蒙古自治区东部地区，一共有 5 个自然村落，除个别自然村落因太大而分成 2 个村民小组外，其他自然村落都是一个村落只有一个村民小组。以 2010 年为基准，总人口为 1816 人，各自然村落的规模存在较大差异，最大的村落有 152 户共 472 人，最小的村落只有 20 户共 78 人。作为调查对象的 A 村民组有 55 户共 160 人，由一个自然村落组成。海村的耕地分为山坡地和水浇地，水浇地是旱涝保收之田，主要种植玉米，山坡地是靠天田，主要种植小米、黄米、绿豆等作物，不仅如此，即使年成好，山坡地的收入也只有水浇地的 1/3。现在海村有水浇地 4200 亩、山坡地 7300 亩，其中 A 组以 1982 年分田到户时的标准来计算，有水浇地 349 亩，山坡地 274 亩，人均耕地面积约 5 亩，户均耕地面积约 20 亩，但后来通过开荒，山坡地增加了不少，农户数也有所变化，以 2010 年为基准，人均耕地面积约 5.75 亩，其中人均水浇地面积为 2.28

亩，户均水浇地面积为 6.3 亩。

2009 年末海村内开展了土地流转，海村的 4200 亩水浇地中的 3100 亩以一年的合同期、每亩每年 400～500 元的租金承包给了一个刘姓老板用来种土豆，此老板 2009 年在该镇其他村也有承包土地种植土豆，因那年海村内搞了国家滴灌项目，他便来了海村。而 A 村民组所有的水浇地都在这 3100 亩内，所以现在 A 村民组没有了水浇地，只剩下山坡地。但山坡地是靠天田且收获少，2009 年和 2010 年连续两年干旱，山坡地连种子、化肥的成本都没收回来，所以，剩下的少量山坡地对农民其实并无多大意义。

三、安徽省 B 村民组

安徽省的河村位于安徽省的东南部，主要种植双季稻。以 2010 年为基准，其有 19 个村民小组，人口为 2363 人。与海村一样，各村民小组都是在自然村落的基础上建立的，所以规模有较大差异，最大的村民小组是 46 户共 168 人，最小的村民小组是 20 户共 56 人。作为调查对象的 B 村民组，以 2008 年为基准，登记在册的为 28 户共 88 人。河村共有耕地面积 3500 亩，都为水田，人均耕地面积约 1.5 亩。以 2008 年为基准，B 村民组有耕地 141 亩，人均耕地面积约 1.6 亩，户均耕地面积约为 5 亩。

2008 年末土地整理项目完成后河村便进行了土地流转，河村 3500 亩的耕地中约 3100 亩以 7 年的合同期、每亩每年 400 斤稻谷的价格承包给了 4 个大规模经营者，这 4 个大规模经营者大部分是外地来的有一定资本的人，剩下的 400 亩由河村村民自己在耕种。土地流转后，B 村民组的 141 亩耕地中的 94.3 亩承包给了大规模经营者，剩下的 46.7 亩由 7 户农户在耕种。

四、广西壮族自治区 C 村民组

广西壮族自治区的云村位于广西壮族自治区的东南部，气候上的优势能做到一年3季，水田一般种完2季水稻后，冬天就用来种植蘑菇了，而旱地一年到头都可以种桑养蚕，而且根据家庭生产计划，水田和旱地还可互相转化。以2010年为基准，云村的8个自然村落有人口5648人，每个自然村落都是100户以上的大村，但只有一个村民小组，即一个村落一个村民小组。其中作为调查对象的C村民组以2010年为基准，登记在册的是103户共426人，耕地面积为1856亩，即人均耕地面积4.4亩，户均18亩。云村并非所有的自然村落都有这么高的人均耕地面积，C村民组因为靠山，自己开垦的耕地比较多，所以人均耕地面积比其他村民组要多很多，C村民组旁边的另一村民组人均耕地面积就只有1.8亩。

2010年初，某食品加工公司看中了C村民组，想在C村民组建一个蘑菇厂，C村便以此为契机实施了土地流转。只是C村民组的土地流转是以先将土地集中到村民组集体，再由村集体统一规划经营、村民分红利的方式进行的。村委将村民组1856亩耕地中的230亩以30年的合同期、每亩每年500元的价格承包给了蘑菇工厂，1000余亩以3年的承包期、平均每亩每年820元的价格承包给了几个外地人，250亩以每亩每年500元的价格承包给了一个当地老板搞农家乐，村民组自己留下了80余亩地准备搞蔬菜大棚，同时村民组和当地一个个体老板以合营的方式将村里的鱼塘、山地和荒地集中准备开发做旅游观光产业。

第二节　大规模农场经营与农业经营形态变化

一、A村民组

因为山坡地是靠天田，收成无保障，根据内蒙古自治区海村当地农民计算，即使年成好，山坡地的收入每亩也就300元左右，水浇地收入是可保障的，A村民组的水浇地在海村是地力最不好的，每亩年收入一般为600～900元。所以，这里我们只分析水浇地的变化。1982年分田到户时，A村民组是按每人2.8亩水浇地、2.2亩山坡进行分配的，后来水浇地的面积基本没什么变化，但因为开荒，山坡地面积增加很多。

以 2010 年为基准，因为在城市就业或老龄化等原因而将土地通过非正式流转方式流转给同组村民的农户有 26 户。这种非正式的流转费用，水浇地一般是每亩 110 元，山坡地每亩 35 元左右。所以到 2010 年为止，A 村民组的情况其实是 29 户农户耕种着 55 户的土地，其中水浇地 349 亩，所以户均水浇地面积能达到 12 亩。虽然根据各家家庭经济活动的变化和劳动力安排的变化，将土地全部流转出去的农户的户数每年都有所变动，但变动并不大。因为这种土地流转是农民间非正式的流转，一般也就口头协议不签合同，流转期一般是一年，也有长期流转而签合同的，也有直接赠送给亲友的，但最基本的共识和原则是这些人在约定期满后可以随时收回自己的耕地。2010 年 A 村民组的土地分布情况如表 4-2 所示。

表 4-2　2010 年内蒙古自治区 A 村民组水浇地的分布

水浇地/亩	户　数	百分比/(%)
0.00	26	47.3
3.00	1	1.8
6.00	4	7.3
7.00	2	3.6
8.00	3	5.5
10.00	3	5.5
11.00	3	5.5
13.00	1	1.8
14.00	3	5.5
15.00	2	3.6
17.00	3	5.5
20.00	3	5.5
25.00	1	1.8
总计	55	100.0

从表 4-2 可以看出，到土地流转前，A 村民组的土地经营是典型的分

散式农户家庭经营；最小耕作面积是3亩，只有1户，接下来便是6亩；而最大耕作面积不过25亩而已，也只有1户，第二大规模的便是20亩；大部分农户的家庭耕作面积都分别在6～20亩。农民间非正式的土地流转一般是首先转给自己的父母或亲戚，所以并不是每个农户想耕作多少土地就能转入多少，土地资源总是有限的。同时，因为机械化水平、资金以及家庭劳动力的限制，对单个农户来说土地规模太大也是问题。只耕作3亩水浇地的农户是30多岁的夫妇，他们还同时养有100头羊，地多了忙不过来。其他农户也通过家庭劳动力的多样化经营来缓解耕地不足的现状，要么让一部分家庭劳动力去城市打工，要么通过家庭副业来吸收多余的家庭劳动力。总体来说，农户家庭通过多种策略来维持家庭经营的同时也维持了小农的经营方式。而这种经营策略得以实现的最根本原因还是在于土地的集体所有和在共同体内平均分配的制度与习惯，它使得从最初土地就是相对均等被分配，也使得以后土地的流转也是相对分散和均等的。

但是从2010年末开始至2011年初完成的大规模的土地流转改变了这种经营结构。A村民组的所有水浇地都在流转范围之内，流转关系从村民间的水平分散式流转变成了村民和企业家之间的垂直集中式流转，土地的经营形态也从农户家庭分散式的小农经营转变成了企业家集中化的大规模农场经营，这种经济层面根本性的转变很快也很直接地影响了家庭农其他方面的经济活动和社会活动。A村民组土地流转过程和经营形态的变化通过图4-1可以很清楚地看到。

虽然海村和大规模经营者签的合同是1年，但从各个层面来看，在A村民组这种土地集中和规模化经营会持续下去。首先，国家政策是积极推动的，地方政府也是积极协助的，尤其在海村，为了能实行土地流转，政府投入了大量资金建设了滴水灌溉工程，如图4-2所示。滴水灌溉项目建设后的土地必须实行机械化作业，牲畜无法再进入田地，这种限制也就决定了以后的发展方向必须是规模化。每家的耕地面积只有一条陇或者

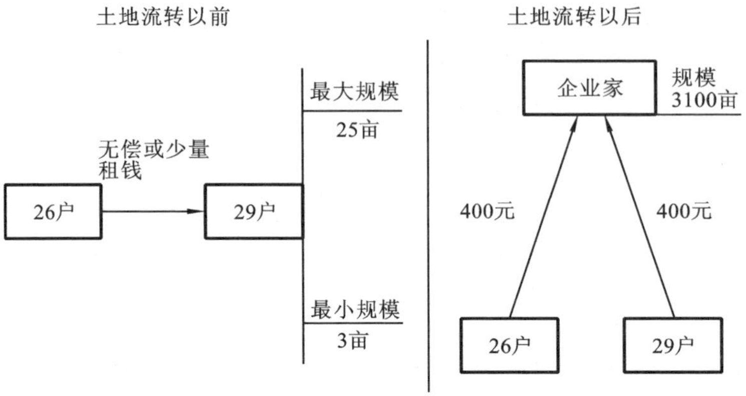

图 4-1　内蒙古自治区 A 村民组大规模土地流转前后土地分布和经营状况

图 4-2　为配合规模经营而铺设的滴灌管道

两条陇，单独经营单独使用机械显然不合理，也不经济，甚至不可能，而且租赁机械耕种后的土地收益比大规模经营者付的承包费高不了多少，农民也不会积极要求再单独耕种。大规模经营者也有续签合同的倾向，农民也都开始卖掉牲畜，村干部的意思也是即使没有现在的大规模经营者，也会找其他大规模经营者或者村里自己搞规模经营。

二、B 村民组

安徽省的 B 村民组与内蒙古自治区的 A 村民组相比在自然条件上

有优势，一年两熟的水稻种植使其土地产出要多于 A 村民组，但更少的人均耕地面积和户均耕地面积又抵消了这个优势。所以在大规模土地流转前，B 村民组的很多农户同样也是通过兼业或完全的非农就业来维持家庭生计的。出去打工的人或年老的人通过非正式的土地流转将土地转让给同村民组的人，村民组内留下来的人又主要通过流入这部分土地来维持家庭生计。以大规模土地流转前一年即 2008 年为基准，B 村民组人均耕地面积为 1.6 亩，户均约为 5 亩。但是以 2008 年为基准，28 户中有 14 户没有耕种土地而把土地流转给了同村民组的其他人。这样，实际上是 14 户农户耕种着 28 户的地，户均耕地面积能达到 10 亩。但是具体考察这 14 户种地的农民又会发现其他一些特征。

仍在村民组内耕种土地的 14 户农户的主要劳动力全部都是 50 岁以上的老人，其中 50～60 岁的老人仍算得上是年轻力壮，所以流入土地比较多；而 70 岁往上的老人却只能把部分土地流出去，自己只留下少部分土地耕种以维持自己消费。B 村民组仍在种地的农户中，有 6 户因年老或其他原因而让出一部分土地或没转入也没转出，此 6 户的总耕地面积为 26 亩，户均也就 4.33 亩；但另外 8 户都有流入土地而维持较大的耕地面积，此 8 户的总耕地面积为 115 亩，户均达到14.38亩。于是仍在村内种地的农民又形成了这样一种格局，即耕作较多土地的中间农群体和耕作较少土地的弱势农群体。而中间农们在农村公共事务中起着重要作用，是维系村庄的核心力量(杨华，2011)。即使这样，B 村民组仍是分散的小农经营，8 户拥有较多土地的农户中，耕地面积最大的也不过 17 亩，这部分农户用农业或兼业的方式维持着家庭生计，仍是典型的小农户经营。

河村 2008 年末和 2009 年初完成的土地流转和内蒙古自治区海村的有个很大的区别，即河村给不想流转仍想自己种地的农户留出了他们的承包地。但是，以前无偿或者以 100 元每亩的价格流出土地的农户，现在都愿意把土地以每亩 400 斤稻谷的价格流转给大规模经营者了，这样，以前村内的中间农们现在要么耕种规模大大缩小，要么干脆把自己剩的不多的耕地也包给大规模经营者了。所以，即使土地流转后河村仍有几十户耕种着400亩的土地，但相对于4个大规模经营者种3100亩来说，他们耕种的面积很少，且户均耕地面积也大大缩小了，很多农户耕种土地仅仅是为了自家消费，而不指望土地维持家庭生计。所以，河村的农业经营形态从根本上来说，也不再是分散的小农经营，而是典型的规模化经营。如图4-3所示，流转后的耕地平整成片，尤其河村的承包大户们的耕作，机械化程度高，前期投资大，合约的基本期限是7年。B村民组土地流转前后的土地分布状况和农户类型变化如图4-4和图4-5所示。

图4-3　流转后成片的耕地

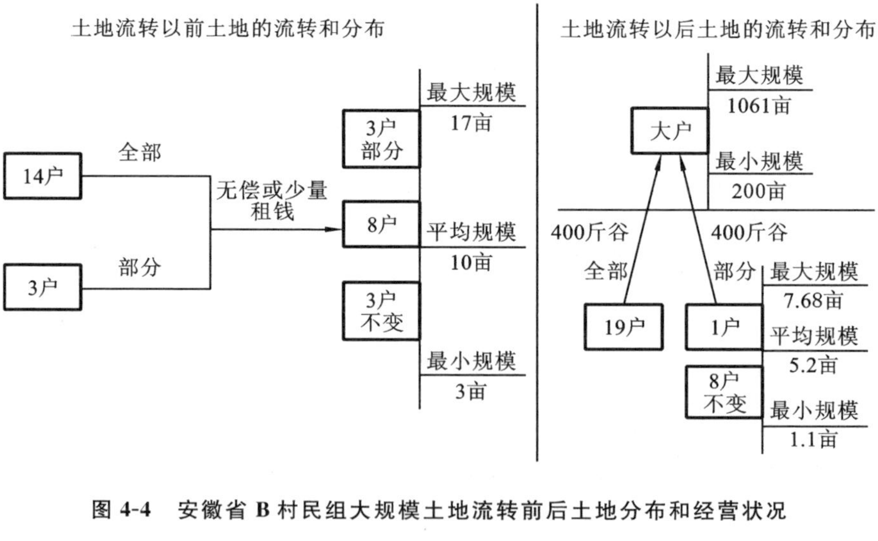

图4-4　安徽省B村民组大规模土地流转前后土地分布和经营状况

土地流转以前

0规模农户	中间农	小规模农户
14	8	6

土地流转以后

0规模农户	中间农	小规模农户
19	0	9

图 4-5 安徽省 B 村民组大规模土地流转前后各类型农户数变化

三、C 村民组

广西壮族自治区的C村民组在这三个个案中是具有最强自给自足性的村落，也是最典型的自给自足的小农经济。因为有比较多的土地和一年三季的种植条件，C村民组的农民都有较高的农业收入，所以在大规模土地流转前，全村426人中也只有80人左右在外务工，且大多是年轻一代不愿务农而外出的。以2010年登记在册的人口数为基准，C村民组人均耕地面积达4.4亩，户均耕地面积达18亩。因为较多的土地和较高的农业收入，外出务工的人并不多，也就没有像A村民组和B村民组那样有较多的村民间自发的土地流转，只有10余户因为移居城市或年老体弱而将土地全部流出，或因土地太多耕作不了而部分流出。这样，2010年，以仍在村里实际种地的农户为计算基准，户均耕地面积达到26亩，其中最小耕地面积为6亩，最大耕地面积为36.2亩。虽家庭耕地面积有较大差异，但基本是依据家庭劳动力来定的耕地面积，家庭劳动力多的家庭耕作面积大，家庭劳动力少的家庭耕作面积小，所以即使各家耕地面积有较大差异，其实都是依靠家庭劳动力的自营式小农经营。比起另外两个个案，C村民组的农户家庭经营更依靠农业，有更强的自营性和独立性。

2010年初实施的大规模土地流转，其方式与其他两个案例最大的差别是以集体经营的方式进行。农户并不直接与大规模经营者达成关系，而是与村集体达成协议关系，村集体决定土地的用途，村民根据自己所拥有的土地份额参与分红。但是，村集体的土地运营方式仍是以承包给几个老板经营的方式进行，除了进行农业种植、建设蘑菇厂外，还进行了商业性开发，如图 4-6 为老板利用村庄的土地开的农家乐，图 4-7 为老板利用村庄的土地建的游泳池。村民并不参与土地的经营，其实村集体也很少参与土地的经营。虽然村集体分给每户有 1 亩 2 分的水田以种稻谷自己消费，但大部分村民因在蘑菇厂上班，没有时间打理田地而放弃这 1 亩 2 分的地。C 村民组的土地流转过程和经营形态的变化如图 4-8 所示。

图 4-6　老板利用村庄的土地开的农家乐

图 4-7　老板利用村庄的土地建的游泳池

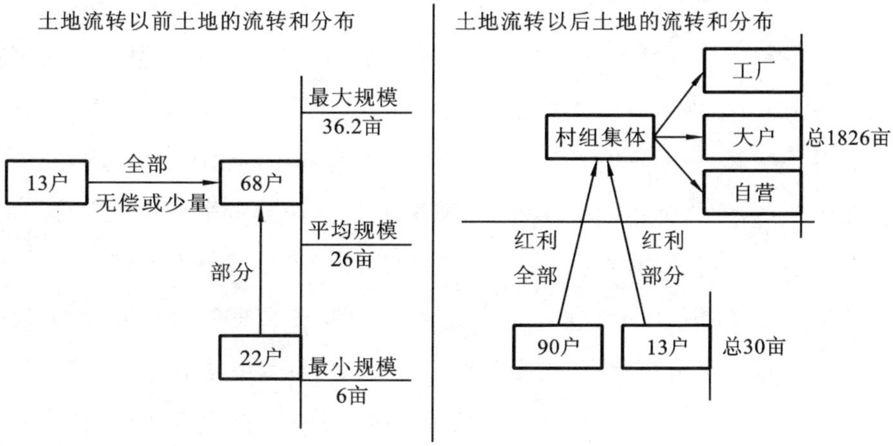

图 4-8　广西壮族自治区 C 村民小组大规模土地流转前后土地流转和经营形态

四、小结与讨论

通过土地流转实现土地规模经营后，最明显的变化是由分散的农户家庭经营变成了集中的大规模农场经营，这也是推进土地规模经营的直接目的，但其中不容易发现却很关键的一点变化是，大规模农场的主体大部分不是农民，而是外来的老板或企业，这个细微的移位却能产生不同的效果。

从生产资料和劳动者的关系来说，这个细微的移位意味着生产资料和劳动的分离，不仅如此，因为中国农村人口众多以及之前分散的农户家庭经营容纳了较多劳动力的现实基础，这种分离同时还伴随着大量农民和农业劳动的分离，即农民不仅从生产资料(土地)中分离出来，还从农业劳动中分离出来。一般来说，即在资本主义国家，这时的农民已经不再是农民，但中国所不同的是，即使被从土地和农业劳动中分离出来，农民仍拥有土地的承包权，并且依此承包权能得到有保障的相应的承包费。并且依据法律，拥有承包权也就同时拥有耕作权，但这种关系其实随着土地流转和集中也发生了微妙的变化。

大规模土地流转前，农民并不拥有土地的所有权，只有承包权，那时的承包权和经营权是相统一的，对于实际拥有土地、耕作土地的农民来说，拥不拥有土地所有权其实没有意义也没有关系。土地集体所有，虽其主体并不明确，但对农民来说，土地的集体所有其实跟村民小组或村委所有是一样的，因为他们的土地调整都是以村民小组或者村为单位进行的，对生产资料和劳动相结合的农民来说，他们除了不能进行土地买卖之外，拥有对土地的其他所有权利，即可以说是一种“准私有制”（赵阳，2007）。但将承包权和经营权分离，将经营权转让给大规模经营者，看似农民只是将自己权利的一部分让出去了，但从劳动者或者农民的角度来看，这与大规模土地流转前有巨大差异。大规模土地流转前，农民对土地除了不具有名义上的“所有权”外，实际拥有耕种经营权、对劳动产品的占有分配权以及转让权。而土地流转后，他们除了拥有名义上的土地承包权，并依此承包权能获得一定费用的补偿之外，与土地再无任何关系，既不参与土地的经营，也不参与土地生产物的分配，甚至不再从事农业生产。

于是，对于土地流转后的农民，其属性很难定位，虽依其对土地的承包权能获得承包费，但并不拥有土地所有权，不能算地主；虽然主要靠打工或给大户打零工维持生计，但其拥有土地的承包权，不能算贫农、雇农或农业工人。他们可被称作“名义农民”。说他们是农民，首先因为，从户口上和国民待遇上看他们属于农民；其次，从居住地上来说，他们大部分也都居住在农村地区，从生活习惯上，他们也保持着农民的生活习惯，从心理认同上，他们也自认为是农民；最后，从与土地关系上看，他们拥有土地承包权并依据法律也拥有相应的土地经营权。但从他们已经与生产资料（土地）甚至农业劳动分离的现实、从农民的定义来说，他们又不能算作真正的农民。所以他们只能算作是“名义农民”，即从国家的身份定义、从个人认同的角度他们是农民，并在名义上拥有国家规定的作为农民的对土地的权利，但又与土地并无实质性关系。其中也包括参与了大规模土地流转的农民工。

对于农民工，在推进大规模经营前，他们一般是将土地流转给同村民组其他村民后外出务工或经营他业的农户或农民，他们不是名义农民，因为他们有回村的自由，这个自由不仅仅包括人身自由，还包括随时可以再做回农民的自由，因为他们的土地都是以非正式流转的形式流转给父母、亲人或同村的人，他们只收取很少的费用或者不收费用，所以他们随时可以收回土地再开始耕种，从而变成真正意义上的农民，他们与土地有着实质性的所有关系(这个所有不是私有权的所有)。但进行了大规模土地流转后，他们虽仍有回村的人身自由，但却没了变回农民的自由，因为与大规模经营者或村集体签有长期或永久的转让权，所以此时他们与其他在村转让土地的农民一样，变成了"名义农民"。

名义农民是中国非市场化的土地制度基础和市场化导向的农村发展战略的矛盾结合体。在社会主义制度上建立的土地集体所有和对农民进行平均分配的土地制度，从根本上来说，是反自由主义市场经济的(从当时建立这个制度的时代背景来看，它也是带有这种反资本主义经济意图的)，因为它从根本上断绝了土地作为私有财产进入市场流通的途径，同时又从现实层面大大降低了农民作为自由劳动力进入市场的可能性和数量(在古典农民分解理论中，农民最终作为无产者进入城市工业是以丧失土地为前提的)，并且它赋予了农民对土地的使用权利和其他很多权利。但是土地规模化、产业化经营的农村发展战略是以市场为导向的，市场要求土地自由流通并最终实现集中，也要求有自由的农业工人(农时的同步性和对自己土地的依赖使兼业农并不能满足大规模经营者的要求)，它需要农民让渡对土地的权利。所以当市场化的发展促进战略遭遇已经存在的具有反市场性的土地制度时，便产生了两个矛盾体结合的产物，即"名义农民"，它既保有非市场化制度的特性，又带有满足市场化后的痕迹。

第三节　大规模农场经营与农户家庭经济活动的变化

由农户家庭经营转向大规模农场经营的转变不仅仅是经营形态的变化，它影响更多的是农户的家庭经济活动，因为规模经营的主体不是农户而是外来的老板或企业，所以对于农户来说，这种转变还意味着家庭生计途径的变化。

一、A 村民组

大规模土地流转以前的 A 村民组是 29 户农户耕种 55 户责任田，户均水浇地面积也只有 12 亩，再加上是一年一季的熟制，所以存在大量的剩余劳动力。在这种情况下，大部分农户采取了兼业的策略来维持家庭生计。妇女在家务农，男劳动力在外务工；或者老人夫妇在家务农，子女在外打，一般各家根据各家的具体情况采取内外兼收的最优家庭劳动力配置方式。A 村民组没种地的 26 户农户中，有 4 户是因为死亡、离婚、流浪等原因而把土地流转，有 8 户是因为在城市落稳脚后直接移居城市了而把土地全部流转，剩下的 14 户都是夫妇俩长期在城市或矿区务工而把土地全部流转了。而在村民组内继续种地的 29 户中只有 10 户是夫妇都在家种地，且其中有 6 户是 55 岁以上的老人夫妇。夫妻俩都在种地的一般有两种情况，一是有家庭副业，如养羊或者做小买卖，通过这种兼业能充分维持家庭生计；另一种是因为疾病或者年老而无法外出务工，所以都在家务农。

根据村民提供的数据，水浇地的收入各家有差异，但每亩平均在 750 元左右，而山坡地依年景好坏每年收入有很大差异，但一般年景平均每亩收入在 200 元左右。在村种地的有 29 户农户，户均水浇地是 12 亩，户均山坡地是 18.3 亩，那么户均年农田收入 12600 元左右；各户平均 2～3 年能卖一头毛驴或者马，年平均牲畜收入约有 1500 元。约 14000 元的年总收入而不是纯收入肯定是维持不了家庭生计的，现在在海村一个儿子结婚最少也得花 10 万元。但是，如果家中有一个或两个在外务工的人的话，情况就大不一样了。A 村民组周围有很多矿区，矿区的收入相对来说比较高，根据组长的计算，在外务工的劳动力一年能攒下的钱为 15000～40000 元。

外出务工的劳动力都是比较好的劳动力，而且可以说是低消费的劳动力，因为维持家庭所需的家庭各成员的衣食住行消费、教育消费、医疗消费以及其他文化娱乐消费等几乎都是在农村的家庭内完成，所以 A 村民组内大部分农户的家庭生计一般是依靠农里农外两个支柱来支撑。大规模土地流转给家庭农带来的一个重要影响是维持农户家庭经营的两个支柱中的一个不能依靠了。400 元的承包费用相对 A 村民组的自然条件和农地产出来说已经很高了，所以土地流转后农户的农内收入减少的并不多。但对农户家庭来说，变化有两个：一是家庭剩余劳动力或失业者更多了，二是不能再依靠在农村的农业生产来完成家庭消费，至少部分不能实现了。比如因为没有水浇地了，便不能种玉米，也就没有了养牲口和家禽的饲料。所以，土地流转后，农户的家庭经济活动的一个显著变化是全业农变成了兼业农，半兼业农变成了全兼业农或者务工农。以前夫妇都种地的全业农现在夫妇中的一个需要外出务工来补充家庭收入，以前留一个在家种地的半兼业农现在在种完剩下的山坡地后夫妇全都要外出务工，或者完全连山坡地也不种了，夫妇直接靠务工来维持家庭生计，因年老和疾病不能找到工作的就变成半失业者了(因为至少还有一点山坡地可种，所以不能算完全失业者)。

大规模土地流转后，A 村民组的全业农减少到 6 户。同时，因为没有了水浇地，很多农户就干脆连山坡地也不种了，因为仅仅依靠山坡地是无法维持生活的，所以全业农从 10 户减少到了 6 户，而这 6 户全业农的情况，要么是身有残疾，要么是年龄很大，无法外出打工，所以，哪怕是收成很低的山坡地(见图 4-9)他们也都耕种着，以维持基本的生活，他们是村

图 4-9　靠天收的山坡地

庄生活最困难的群体，也是村庄中的边缘群体。

图 4-10 为大规模土地流转前后内蒙古自治区 A 村民组各类型农户分布及变化情况，由图中可见，除了全业农减少外，半兼业农也减少了，因为如果有水浇地的话，家庭劳动力中可有一部分专事农业，水浇地流转出去后，一是农业劳动量少了，二是务农收入更少了，于是更多人转为全兼业农了。这些全兼业农大都是季节性务工者，即农忙时回来种地，种完地再出去务工，但这种兼业者在外往往从事的是最辛苦的工作，即使这样，他们在外也很难找到工作。

土地流转以前		
不在农	半兼业农	全业农
26	19	10

土地流转以后			
不在农	全兼业农	半兼业农	全业农
29	7	12	6

图 4-10　大规模土地流转前后内蒙古自治区 A 村民组各类型农户分布及变化

注：全兼业农是指所有家庭劳动力都兼业的农户，半兼业农指家庭中至少有一个劳动力是全业务农的农户。

伴随家庭经济活动变化的是家庭收入来源的单一化，如图 4-11 所示。全业农的情况：以前家庭收入来源主要是水浇地的收入，可达家庭收入的 63.6%，山坡地的收入占 26.2%，用水浇地和山坡地的副产品来饲

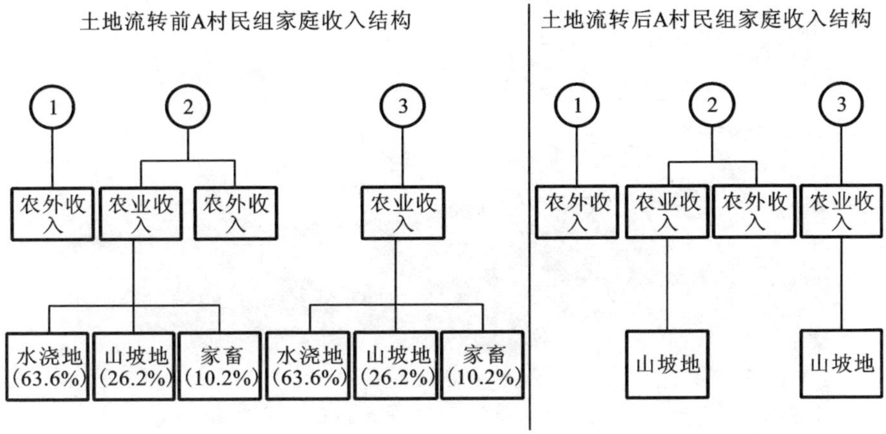

图 4-11　大规模土地流转前后内蒙古自治区 A 村民组农户家庭收入构成

养家畜，这部分收入能占到 10.2%，但现在只能靠山坡地的收入。而如前所述，山坡地不仅产量低而且经常受旱，收入很不稳定，很多时候没有收成，还要赔进去种子、化肥等成本，对于这部分农户，他们的家庭收入在大规模土地流转后，是明显下降的，同时具有了更大的不稳定性。同样，以前家庭收入由农业收入和务工收入构成的家庭，现在农业收入也只剩下山坡地这一部分，对这部分家庭，家庭收入不一定减少，但同样相比以前稳定性降低了。

与家庭收入的单一化和不稳定性相伴随的是消费的货币化和不稳定性。因为不能稳定在家务农，以及没有了水浇地的农副产品，很多农户（这包括全业农和兼业农）不能再饲养家畜或种植菜地，这增强了家庭的食品消费货币化程度，而由于收入的不稳定性，很多家庭的食品消费都处于一种不稳定状态。访谈中，部分农户一年中的大半年时间都是以咸菜疙瘩下饭，非常好客的农户非要留笔者吃饭不可，然后从邻居家借鸡蛋。

A 村民组所在的海村先天的自然条件决定了其经济状况的不良，对于如图 4-12 所示的村中贫困的农户来说，其日常就是尽全力维持家庭基本生活，小心经营，以维持家庭经济的平衡，这种维系与平衡都是艰难而脆弱的，对经济变动是敏感的，收入小幅的降低或经济活动的微小变动对

图 4-12 村中家庭贫困农户的家

他们都可能是巨大打击。当笔者初次听说土地流转费用为每亩 400 元时，对比当地田地产量和收入，觉得合理。但深入了解 A 村民组农户尤其部分贫困农户的生产和生活后发现，租金的确不低，只是将水浇地流转出去后所产生的家庭经济活动的一系列变动(即家庭生计维系方式、家庭消费方式的变化)，对家庭经济薄弱的他们来说，却是剧烈的和影响深刻的。

二、B 村民组

安徽省的 B 村民组在大规模土地流转前，各农户的家庭经济活动和 A 村民组的情况基本相似。虽然是一年两熟的熟制，但更少的人均土地使 B 村民组外出务工的人也很多，以 2008 年大规模土地流转前为基准，户均耕地 5 亩。根据村民的计算，如果不算劳动力的投入，早稻和晚稻合起来，亩均纯收益是 900～1100 元，户均年收益也就 5000 元左右，这显然不能维持基本的家庭生计，尤其对于家有子女上学和要结婚的儿子的家庭来说，5000 元的年收入太少了。在 B 村民组所在的河村，儿子结婚开支最少也在 10 万元以上，而最近，年轻一代结婚都流行在县城买房，结婚成本陡然上升，一般需要 20 万元左右。而河村又临近浙江、江苏和上海，所以打工潮在河村很早就兴起，且相对于 A 民组所在的海村，河村人更容易找到工作。

同时,河村还有两个小型企业——制衣厂和粮食加工厂,这也为河村村民提供了一部分就业机会。制衣厂工人达 300 多人,粮食加工厂相对较小,只能吸纳 15 名左右劳动力。这两个企业所雇用的劳动力大多都是河村和附近村庄的居民,但制衣厂只招 45 岁以下者。制衣厂选择在河村建厂,主要就是看中河村妇女有裁衣缝纫的传统,大部分妇女都有此技术,所以河村的年轻妇女很多都是在制衣厂上班。但是,制衣厂的流水线工作更倾向于招十几二十几岁的年轻女性,且工资相对较低,所以对有较重家计责任的 30～40 岁妇女吸引力不大,她们更多选择到大城市打工。

B 村民组在制衣厂上班的 40 岁以上的女性只有 3 个,其中两个的丈夫是河村的干部和医生,且她们在制衣厂担任管理职务,工资较高,另一个的丈夫有手艺,在家种地的同时,还在周边做零工,这 3 个家庭在 B 村民组都属于精英阶层,他们都把耕地全部或部分流转给了本村其他村民,且都是无偿流转。除这 3 户以外,B 村民组还有 9 户 40 岁以上农户把耕地全部流转给其他农户后在外务工,他们的家庭收入在 B 村民组都属较好者。

留在村庄种地的农户大部分是 50～70 岁的农户,其中有些农户因劳动力充足而从其他农户流转土地,以维持着较大规模的耕种面积,从而成为中间农。B 村民组的中间农户均耕种面积在 14 亩左右,年纯收入 1.5 万元左右。这些中间农大部分都已帮子女“操完了心”,家中无上学小孩也无要结婚的儿子,1.5 万元的纯收入对于家庭生计已经足够。而且他们还在农闲时到周边做做零工以增加收入,B 村民组 8 户中间农当中只有 3 户没有兼业。

与 A 村民组不同,B 村民组 14 户种地的农户中,有家庭副业的很少,而兼业农也主要是村干部、村医、教师、村内服装厂职工等形式的兼业,其他农户的兼业只是很少量的兼业,占家庭收入的少部分。有上述职业的兼业农,一般家庭收入比较高,所以他们即使种地也种得不多。土地向中间农的集中又使中间农有足够的农业收入来维持家庭生计，而没必要一定要外出务工，所以他们的农外收入也就是偶尔做做零工和小工，但并不是家庭收入的主干，何况他们大部分都是 55 岁以上的老人，找到正式的职业并不容易。而因为疾病或年老而在家务农的人也没有能力去耕种更多土地或者兼业。

2009 年土地大规模流转后，B 村民组外出打工的农户都把土地流转给大规模经营者而不是同村民组的人，村中的中间农无法再从其他村民那里无偿或低价流转到土地，而靠自己原本的耕地无法维持家庭生计。但 B 村民组几乎所有的中间农都是 55 岁以上的老人，他们去城市务工已经不大可能，所以种着小规模耕地的同时，尽可能地在周围找零工或给大户做零工以维持家庭生计。也有农户放弃务农，完全依靠在周边打零工和给大户做工，或者依靠承包费和五保费用维持家庭生计，如图 4-13，为村中家庭贫困农户的家。比起 A 村民组，B 村民组的大规模农场提供了更多的就业机会，这也为一些年龄大的农民提供了就地务工的可能。

图 4-13　村中家庭贫困农户的家

张大爷与老伴都过了50岁，张大爷身体不太好，家里的活多由张大婶做，他们有一个儿子常年在城里打工，很少回来。大规模土地流转以前，张大爷种10亩地以维持家庭生计，大规模土地流转以后，10亩地中从别的农户流转的7亩被收回后，只种着自己的3亩地，靠这3亩地无法维持老两口的生活，张大爷只好出去找零工做，但因为身体不好，往往只能得到其他人一半的工钱，即使这样，也很难找到事做。

宋大爷，62岁，大规模土地流转前耕种17亩地，其中有10.8亩都是其他农户无偿给予的，17亩耕地一年能获得1.7万元左右的纯收入，再加上宋大爷经常在外做零工的收入，也能供小儿子上大学。大规模土地流转后，那10.8亩耕地被收回流转给了大户，靠剩下的6.2亩地无法供儿子上大学，宋大爷干脆也将自己的6.2亩地流转给了大户，然后靠给大户做管理获得收入，而宋大婶处于失业状态。

虽然河村的村民相比A村民组更容易找到农外工作，但同样，对于在村务农的农户来说，大规模土地流转之前，打零工只是家庭收入的补充手段，而现在变成了家庭收入的主要来源，且工作更难找了。且无论是给大规模经营者做工还是在周边打零工，工种决定了其偏好男性劳动力排斥女性劳动力，所以B村民组的另一个变化是，妇女的失业和半失业。家庭农经营需要家庭中男女劳动力的合作，并不存在男性劳动力优于女性劳动力，以前家庭的耕种面积较大，所以即使是年龄较大的妇女也处于充分就业的状态。但是现在，作为自由劳动力进入劳动力市场，女性劳动力比起年老男劳动力更没有竞争优势，所以现在B村民组的大部分女性劳动力都处于失业或半失业的状态(半失业者是因为现在耕种的土地过少)，河村内给大规模经营者打工的女性很少。所以B村民组在土地流转后最大的一个变化是中间农的消失，雇佣农业工人的出现。对各个农户家庭来说，家庭生计不再是主要依靠农业而是大部分或者完全依靠农外收入。

三、C 村民组

广西壮族自治区的 C 村民组的土地虽然是集体经营的形式，但如前所说，集体仍然是采用承包给几个老板去经营的方式在运营。而因为有蘑菇厂，C 村民组村民的家庭经营活动变得迅速而彻底，以前几乎完全是依靠农业活动和农业收入来维持家庭生计，土地流转后 C 村民组没有一户是靠务农来维持家庭生计的，只有 10 来户还种植 1 亩 2 分的水田来生产自家吃的大米。以 2011 年为基准，C 村民组有 80 多名女性以及 10 多名男性长期在蘑菇厂上班，而给蘑菇厂打零工、给蘑菇厂建厂房、向蘑菇厂贩卖种蘑菇需要的稻草的，也大部分是 C 村民组的人。这样，土地流转后 C 村民组的村民由全业农或兼业农一下变成了职工和自由劳动者，家庭收入也主要是靠工资和其他一些不定的收入，生活方式也变成了早 8 晚 6 式的城市通勤方式。

C 村民组户均耕地较多，且是一年三季，除自家吃的水稻和蔬菜种植外，水田和旱地多用来栽桑养蚕、种茉莉花和蘑菇栽培，收入较高，依靠土地能获得足够的收入维持家庭生计，自给度高，这也是比起内蒙古自治区的 A 村民组和安徽的 B 村民组，C 村民组外出打工较少的根本原因。因为养蚕、采茉莉花和种蘑菇的劳动较少的劳动力就能完成，所以家庭中的剩余劳动力或年轻人也有在外务工的，但这种务工并不是如 A 村民组和 B 村民组那样迫于生计的务工，而是可做可不做的“多余工作”。

每年 4 月开始上半年的养蚕，同时种早稻，到 7 月收割水稻的时候也是第一次养蚕结束的时候，然后 8 月种植晚稻，9 月开始下半年的养蚕，到 11 月收晚稻和第二次养蚕结束，而中间从 5 月到 10 月茉莉一直开花，需要采摘茉莉花，从 11 月又开始栽培蘑菇。从 11 月到次年 4 月是相对比较闲的时间，C 村民组的妇女在这期间会到别的种植甘蔗和西瓜的村庄去做日工。所以 C 村民组的农民尤其是妇女一整年都很忙碌，无农忙和农闲之分，但换来的是较高的家庭收入。

C村民组的农业经济活动可算劳动密集型，且C村民组农户普遍耕地较多，户均耕地面积达18亩，所以在C村民组，家庭的经济收入与家庭劳动力密切相关，而不是取决于耕地的多少。在土地流转之前，C村民组的土地流转也大多是因家庭劳动力不足，而将多余的土地流转出去。在普遍多地的情况下，很多农户的耕地因家庭劳动力不足而未被充分利用。C村民组的农业经营活动多是依据家庭劳动力的多寡来组织和安排的，有一个劳动力的家庭一般只能养一张蚕[①]，如果有更多的劳动力，一般都养一张半或两张蚕。一张蚕能收入2000元左右，但市场价波动较大，雨水好的年份，桑叶长得好一年能养20批蚕，雨水欠佳的年份也能养15批，但不太能干的农户也就只能养11到12批，所以农户养蚕的年收益最低的也有2万元，最高的农户可达5万元，一般都在3万多元。

蘑菇种植比养蚕更复杂，对劳动力的要求更高，需要细心、耐心和投入大量的时间，如果雇用劳动力种植会大幅提高成本。一亩地能做两个种植大棚，但至少需要两个劳动力，所以即使有多的田地，每户也都只种植两个大棚，收益在7000～10000元。茉莉花的采摘也是耗时间的工作，尤其是茉莉花只能在正午和下午采摘，过期不摘花就谢了，如果没有足够的劳动力来采摘，栽种多了也无用，在家庭收入中，此项收入并不多，几百元至一千多元不等。如此，C村民组一般农户一年的农业收入，以2009年为准，至少也能达到3万元，再加上农外所得，C村民组农户拥有较高的家庭收入。

2010年土地流转后，在C村民组中不再有以农业维持家计的农户，全部转化为靠农外收入来维持家计，这其中又主要是靠在村中的蘑菇厂务工获得收入者居多，很多农户在签订了土地永久流转协议后，把养蚕工具和其他农工具都卖掉或送人了。在蘑菇厂上班每月能获得1200～1800元的收入，工资根据加班时间长短有所区别，一个劳动力一年的工

① 一张蚕是指一张纸的蚕种，蚕种的购买是按纸张来的，一般一张蚕种能收获100斤蚕茧。

资收入能达18000元左右。同时，很多人靠给蘑菇厂做运输，或者贩卖稻草，能获得更高收入。所以，对于有两个以上壮劳动力的家庭来说，土地流转后，家庭收入并未减少甚至有所提高。但从农民生计角度来看，存在以下几个问题。

首先，依靠工厂的收入相比以前的务农收入具有不稳定性。蘑菇厂是私人老板投资，对村民的雇用都是临时性的，甚至用工合同都没有签订，工厂可以任何理由辞退他们。而没有订单的时候，工厂就给他们放假，放假期间是没有工资的，如果生病或因其他原因不能做工时，也是没有工资的。对于村民相当于在工厂做日工，做一天才会有一天的钱，且还不是每天都有工作。土地流转后，C村民组在工厂做工的虽多为女性，但C村民组的男劳动力也多从事着与蘑菇厂相关的事，其工作和收入也与蘑菇厂息息相关。调查发现，C村民组很多男劳动力都赋闲在家，原因就是比起蘑菇厂初建期，现在蘑菇厂需要的建筑工少了很多，而向工厂贩卖稻草的活也越来越难做，附近稻草都贩卖完了或者提价了，去更远处的话，贩卖稻草的利润还不够油费，于是很多初期买了车从事贩卖稻草的男劳动力现在就闲在家了。

其次，缺乏壮劳动力的家庭和老年人的生活水平下降甚至难以维持生计。蘑菇厂只接受55岁以下且身体健康的劳动力，这基本把C村民组的老年人排除在外了。而且，只有低于50岁的人才能享受一个月1200元的工资待遇，只有少数几个超过50岁低于55岁的村民在蘑菇厂从事门卫、清洁等工作，即使这样的工作也是这些老人极力争取或通过关系得来的，但工资要低于1200元。而土地流转后，恰恰是村中这些年龄过高的人需要安置，因为他们很难在劳动力市场上找到工作，也很难再开创第二职业。而在土地流转之前，他们的收入并不比年轻人差，因为养蚕主要是在家中进行，且对劳动力的气力要求不高，只是需要细心、耐心照料和时间投入，即使摘桑叶这样相对比较重的活，实在做不了也可以雇人，所以即使年龄很大也可进行饲养，并且年龄较长可能在经验和技术方面还占有优势。土地流转前，村中几乎所有老人都有养蚕，笔者访谈的一对80多岁的老人夫妇还坚持每年养一张半蚕，每年可收入3万元左右。但现在老人每年的收入来源只有每亩400多元的地租，总计4000～5000元，而承诺的分红，至少到调查为止还没兑现过。

除了老人外，家庭劳动力少或弱的兼业农在土地流转后家庭收入也有所下降。以前只有两个劳动力的家庭，一个在外务工，一个在家务农，多是男劳动力在外务工，妇女在家务农，家庭年收入至少也能有4万多元。土地流转后，务工收入没变，但现在即使妇女能去蘑菇厂上班，其工资收入也比不上以前的务农收入，何况很多人因身体有疾病或者身体不好而无法在蘑菇厂上班，其收入就更不比以前。蘑菇厂的工作不像制衣这样的生产工业品的工作，必须随蘑菇的自然生长而动，所以一旦忙起来，需要没日没夜地加班，C村民组很多村民都无法适应蘑菇厂的工作。

在三个村庄中，C村民组农民的家庭生计方式变化是最剧烈的，由典型的自给自足的小农经济转变为纯粹依靠雇佣劳动维持家庭生计，这种急剧的转变不仅是农民家庭生计方式的转变，更带来了农民生活方式、社区生活、社会交往等一系列深刻的变化。

四、小结与讨论

在推行土地大规模经营以前，大部分农户都采取兼业的策略来维持家庭生计。妇女在家务农，男劳动力在外务工；或者老人夫妇在家务农，子女在外打，一般各家根据各家的具体情况采取内外兼收的最优家庭劳动力配置方式。但一般外出务工的劳动力都是比较好的劳动力，主要履行增加家庭收入的功能，而维持家庭经营所需的家庭各成员的衣食住行消费、教育消费、医疗消费以及其他文化娱乐消费等几乎都是在农村的家庭内完成而不是在城市的临时家庭，即农村的农业活动主要履行减少消费的功能，所以农户的家庭经营一般是依靠农里农外两个支柱来支撑。

大规模土地流转给家庭农带来的一个重要影响是：维持家庭生计的

两个支柱中的一个不能依靠了。一般土地流转的转包费都不是很低，与自己耕种所得纯收入差别不大，所以土地流转后农户的农内收入减少的并不多。但对农户家庭来说，变化有两个：一是家庭剩余劳动力或失业者更多了；二是不能再依靠在农村的农业活动来完成家庭消费了，至少部分不能实现了。同时，在此过程中农村妇女尤其是老年妇女的状况也发生了变化。因大规模土地流转而"解放"出来的劳动力一般是在土地流转前就很难进入劳动力市场的老弱劳动力或女性劳动力，他们一般只能选择给大规模经营者做工或是在周边打零工，但无论是给大规模经营者做工还是在周边打零工，工种都决定了其偏好男性排斥女性。

同时，对于土地流转后不得不被卷入市场竞争的劳动力市场的农户，因为劳动力量和质的差别，产生分化也就不可避免。对于有较多劳动力以及有优质劳动力的家庭来说，土地流转后务工收入会大于以前的务农收入，但对于已经年老、家庭劳动力少或丧失劳动力的人来说，显然是会被劳动力市场淘汰的，无法务工的同时，因土地流转而土地减少或完全没有土地耕种，家庭收入会减少而变成更弱者。而之前的家庭农业生产对劳动力并无如此严格的挑剔，也不存在劳动力竞争，所以即使劳动力弱的家庭在农业生产中的弱势也并不明显，何况还有村落共同体的互惠互助做支撑。这样，短期的情况是，劳动力占优势的农户实力得到提高，劳动力弱的农户变得更加弱势。

但是，因农业的相对低效益而在土地流转后靠务工维持生计的家庭收入增加也是暂时的，因为这种收入的增加以体力的更多消耗为基础和以收入的不稳定为代价，一旦这些劳动力因年老或疾病而劳动能力减弱或丧失了劳动力，这种收入也就变少或变得完全没有，如果没有一定的保障和保护机制，这部分家庭也会很容易滑入弱势的范围。

第四节　大规模农场经营与农民内部分化

三个调查村的村民大部分都反映土地流转后家庭收入增加了，农业的相对低效益使土地流转后靠务工维持生计的家庭的家庭收入增加了是能说通的，但这其中有两点需要注意：一是这种收入的增加是以体力的更多消耗为基础和以收入的不稳定为代价的，一旦这些劳动力因年老或疾病而劳动能力减弱或丧失劳动力，这种收入也就变少或变得完全没有；二是这种收入的增加只是对部分人来说的，对于已经年老或丧失劳动力的人，他们的家庭收入不可能增加而只会减少。土地流转后的另一个变化是村民组内农户的分化加剧了。

图 4-14 为大规模土地流转前后农户分化态势。以前本来就不在村里种地的不在农和把部分土地流转出去的兼业农，因为承包费的增加收入也增加了，但对这部分家庭收入已经很高、已经算得上是村里的富裕户的人来说，增加的这几百元的收入不算什么；而对于仍然有较强、较多劳动力的家庭来说，劳动力不务农都去务工，家庭收入的增加是可能的；但对于已经年老、家庭劳动力少或丧失劳动力的人来说，显然是会被劳动力市场淘汰的人，无法务工的同时，因土地流转而土地减少或完全没有土地耕种只能使他们的家庭收入减少而变成更弱者。农业生产对劳动力并无如此严格的挑剔，也不存在劳动力竞争，所以即使劳动力弱的家庭在农业

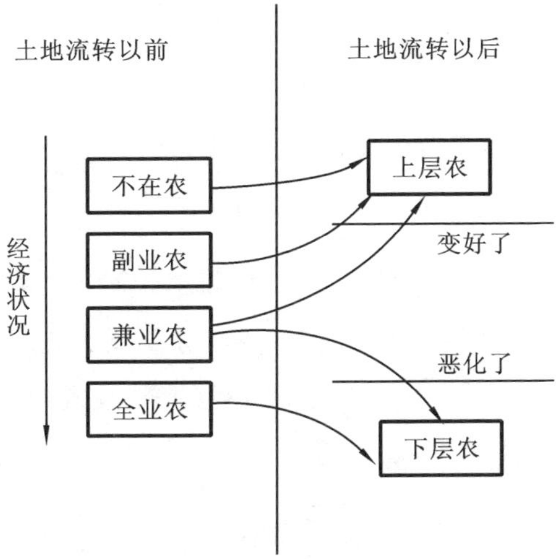

图 4-14　大规模土地流转前后农户分化态势

生产中的弱势也并不明显，何况还有村庄共同体的互助做支撑。这样，短期的情况是，劳动力占优势的农户实力更加上升，劳动力弱的农户变得更加弱势，村民组内的分化也就不可避免。

分化在三个调查村都有体现，且呈现相同态势。村庄中的不在农，一般都是外出务工较早，在外有了一定根基而全家外出，把耕地全部无偿或有偿送给亲戚或同村人耕种。这部分农户原本在村庄中就属于上层农，大规模土地流转后，他们就把耕地流转给大户，获得一定租金，这些租金对他们的家庭收入来说并不算多，也不重要，所以对他们来说，土地流转对他们影响不大，额外获得的租金算"锦上添花"。

但对于很多全业农来说，这种大规模的土地流转是"雪上加霜"。如前所述，村庄中的全业农多是生活很难有其他出路，不得不全业务农以维持家庭的基本生计，尤其是一些年老者和身有残疾者，靠着耕地保障生活，大规模的土地流转后，他们的经济状况和生活状况有进一步恶化的趋势。这种影响也体现在部分兼业农家庭，如B村民组的情况，很多兼业农是依靠无偿或低报酬从其他农户流转一定土地，通过主营农业，兼打零工才能维持家庭生计。大规模土地流转后，主营的农业无法进行，因年龄或其他原因又不能通过务工补充这部分收入，家庭收入减少的同时，生活也陷入不安定状态。兼业农内部也存在分化，原来家庭收入以农外收入为主者，土地流转对其家庭收入影响不大，还会因为迫使劳动力从务农转向务工而增加家庭收入。

吴某，60岁，男，B村民组村民，土地大规模流转之前耕种14亩地，其妻全职务农，吴某也主要务农，但在农闲时会到周边做建筑、修路、采石等零工，一天工钱80元。一年的家庭收入中农业收入约14000元，农外收入5000元左右，总收入能有19000元左右。粮食、蔬菜等基本自给，日常主要开支就是亲戚邻居的人情开支，每年能结余15000元。大规模土地流转以后，吴某只能耕种自己的6.8亩地，家庭年收入从19000元左右降到14000元左右。

刘某，73岁，男，C村民组村民，土地流转前，与其妻一共耕种3亩水田、5亩旱地。虽然年龄较大，但养蚕还不成问题，每年养15批次左右的蚕能收入3万元左右，同时3亩水田用来种水稻，除了自己吃的外，还能卖2000斤左右，冬天也栽培蘑菇，还偶尔做做零工，家庭年收入在4万元左右。虽年事已高，但从没找子女要过零花钱，反而还能给子女一些。而土地流转之后，养蚕、蘑菇栽培、水稻种植没有了，蘑菇厂也不雇用他，现在家庭收入只有几千块的地租和刘某偶尔做零工的收入，不超过1万元。

虽然三个村庄农户分化都呈现出以上态势，但村庄的原经济基础使其对这种分化的敏感性不一样，即使一样的分化态势，对各村庄产生的影响也差异颇大。内蒙古自治区的A村民组因自然条件恶劣故而农业基础薄弱，农业产值低，土地流转前，产生农户分化的主要原因是农外收入，家庭劳动力多或健康的农户可获得更多农外收入，从而在村中处于上层位置。A村民组的在村农户中，家庭年收入最低5000元，最高49000元，大部分都在10000～40000元。经济基础差和就近农外就业困难使土地对一些弱势农户尤其老年人的生计维持尤其重要，所以土地流转对弱势农户的打击更大，甚至威胁到其基本生计。

对于安徽省B村民组，因为农户仍能保留自己的承包地，村中靠土地养老的农户大部分都保留了自己的承包田，对他们的影响并不大。受影响最大的是依靠耕地维持家庭生计的中间农，他们以前能主要依靠农业养家糊口，但现在必须主要靠务工来维持生计。虽有一部分中间农能通过务工保持以前的收入水平甚至收入能提高，但受年龄等限制，大部分中间农收入都有所下降，同时具有了不稳定性。

广西壮族自治区的C村民组与内蒙古自治区的A村民组刚好相反，气候自然条件好，农业产值和农业收入都挺高，农户主要依靠农业维持家庭生计，且农户间的分化并不严重，土地流转几乎对大部分农户产生了较大影响，但同样，家庭劳动力多的农户在这个过程中可维持以前的收入水平，甚至有所提高，而家庭劳动力少的农户则收入减少甚至难以维持生计，即土地流转加剧了农户分化，尤其对弱势农户及老年人的影响最大，C村民组在三个村中受土地流转影响农户分化最大。

总体来说，土地流转后，村庄中的上层农并未受惠多少从而使其经济条件和社会地位有大幅提高，因为土地是流转给了外来企业或老板；但村庄中的下层农户却受冲击巨大，失去了赖以为生的生产资料，生活陷入了不安定甚至难以维系的境况，经济条件和社会地位进一步下滑，而对于中间层农户则依据情况不同有变好也有恶化。但无论是对于境况好转还是恶化的农户来说，土地流转推进大规模农场经营后，农户的家庭经济生活发生了巨大改变。可以说是从持续了几千年的作为农民的传统的“农耕生活”中脱离出来，家庭生计不再依靠农业，甚至生产活动也完全脱离了农业，但新的稳定的家庭生计维持方式以及生活方式并没有建立。

农户是村庄的主体，也是农村社会的主体，土地流转推进了大规模农场经营，在给农户家庭生计带来了极大的不稳定性的同时，又加速了农民内部的分化，这种不稳定性也成为整个农民层和农村社会的不稳定因素。其中隐含着失业、养老、家庭、贫富分化等种种问题，这种变化对农村社会保障体系提出了更紧迫的需求，也对农民市民化提出了新的挑战。

第五章　大规模农场经营与村庄共同体的解体

作为强调经济增长的经济自由主义，通过市场这把利器对共同体的这种瓦解产生的阵痛是剧烈的，后果是深远的。

第一节　村庄共同体的定义及其意义

在以腾尼斯的农村-城市两分论为中心的农村-城市的连续体论中，村落被当作最典型类型的一种共同体，并且随着产业化、城市化的发展，这种共同体逐渐瓦解消失而最终被城市这样的大众社会即利益社会所代替。于是随着西方社会的工业化、产业化和城市化的急速发展和膨胀，村落共同体被西方学者认为是已消失的存在，是只存在于前资本主义社会的存在。因为只有村落才算是典型共同体，所以很多学者认为随着村落的消失，共同体也消失了。

共同体消失论盛行于美国的 20 世纪六七十年代，紧接着 20 世纪 80 年代，在西方社会，社会资本的研究开始兴起并吸引了包括经济学、政治学以及社会学的众多研究者的眼球和兴趣而盛行一时。彼时的西方社会新古典主义经济学的支配地位已受到极大挑战，以波兰尼为代表的一部分学者提出的对新古典主义经济学的质疑越来越受到人们的重视，人们也开始反思发展的定义、人类的价值等问题。社会资本被当成能治愈现代社会各种社会问题的良药而得到注目。虽然 Fukuyama 认为现代性的结社体社会比起传统的村落共同体更有利于社会资本的形成(Fukuyama，1995)，但另一位社会资本的研究者 Coleman 认为传统共同体以其相对封闭的连接网和强纽带关系而更容易形成社会资本。Coleman 认为，社会资本是共同体的替代物，“社会资本在作为公共品的层面在青少年或者儿童的发展过程中有着十分重要的含义，因为能够解决公共品供给的社会构造条件——具有强纽带的家庭和共同体——虽然曾经大量存在，但在今天已经很难发现，而在未来只会变得越来越少”(Coleman，1988)。Putnam认为社会资本和共同体是一对“概念的姐妹”(Putnam，2002)。所以伴随着社会资本理论的流行，在社会学中又出现了共同体概念复兴的现象(Vaisey，2007)。

但是在亚洲的农村，情况却是不一样的。首先亚洲的农业社会从一开始就是与西方社会不同的、独具特性的农业社会，对这一点，马克思有给出精辟的叙述。马克思将亚细亚形态作为四种社会形态中的一种单独提出。马克思指出，亚洲社会是孤立的、不变的社会，并且不具有能使自身改变的社会机制，而其中很重要的原因是因其生产方式的独特性，不存在土地私有财产制，国家是土地的终极所有者，而在地方层面，土地其实是村落成员共同占有，所以，村落共同体变成了“东方式的专制主义的坚实的基础”，并且农业和手工业在自给自足的封闭的村落经济体系中被整合。马克思通过对印度和俄罗斯“村社制度”的详细分析来对这种东方特有的村落共同体进行了说明。其次是资本主义在亚洲的迟发展和低发展性又使这种传统的村落共同体并没有像西方资本主义社会那样迅速瓦解消失，即使日本和韩国在晚些时候发展了资本主义，但其农民和村落共同体的解体并不彻底，仍保留了很多村落共同体特性。即使马克思指出，亚洲社会的变化只能依靠殖民者的力量，但在中国，西方的殖民统治既短暂也不深入，更何况后来中国进行的是社会主义革命而不是资本主义革命。社会主义的土地集体所有制更是远离了马克思所说的土地私有财产制，并强化了村落共同体的基础，所以中国村落共同体的发展轨迹并不能进入西方村落共同体发展理论的编年体，而有其独特的发展历史和特性。

比起马克思的论议，在亚洲对亚洲村落共同体有较广泛和深入研究的要算日本。日本不仅对本国的村落共同体进行了大量研究，还在其殖民地韩国和在中国的占领地进行了大量研究，于是也就有了 20 世纪四五十年代日本学界关于中国村落共同体的论战。日本对村落共同体的研究更多地继承了德国学术的传统而不是美国的，而在中国，更多是继承的美国的学术传统，采用“社区”这个概念对农村共同体进行了一些研究。正如毛丹所指出的那样，我们的社会学研究对村落共同体的研究有所疏忽，但是中国作为具有最多村落的国家，村落共同体将去向何处是牵扯全局的问题，不仅关乎农民，也关乎中国整个市场经济、整个社会的将来。他呼吁振兴村落共同体，主张通过发挥村落共同体的力量来实现城乡的统筹发展、实现农村的振兴(毛丹,2010)。

村落共同体一般被认为是存在于前资本主义时代的历史的特殊形态倾向,即随着资本主义的发达,原则上村落共同体是被解体和消灭的。资本主义通过私有财产制、追求利润和自由竞争的三大原则实现对村落共同体的侵蚀而最终使村落共同体被消灭。马克思根据村落共同体的发展阶段将其分为几种形态,但资本主义的发展使最后的村落共同体性的生产关系也消灭了,特别是资本主义所带来的农民层的两极分化使村落共同体更迅速、更彻底地解体了。典型的农民层的两极分化通过生产资料两极分化的分配而使共同体的生产组织和生产关系完全被破坏了。

虽然社会学家比起经济学家更强调社会生活层面,但随着资本主义的发展,村落共同体的各种特性也被弱化或者完全消失。伴随资本主义农民分解的是土地的掠夺和集中化,以及农民从土地上被驱逐而成为城市雇佣工人和农业雇佣工人,而在这个过程中,以村落共同体的亲族关系、地方性、自足性、封闭性和全人格性交往为基础的村落统合机制从根本上被消灭,从而产生了以市场和公民国家为根据的新的社会机制,而随着农业的资本主义化,在村落构造方面前资本主义的要素被弱化,村落共同体的特性也逐渐弱化掉了。

即资本主义的发展不仅从生产关系层面,还从社会关系层面都会给村落共同体以致命冲击和侵蚀,从而使其最终瓦解和解体。但是,即使没有资本主义的发展,市场经济的发展也会对村落共同体产生冲击和侵蚀,资本主义只是最典型的市场经济而已。对于这一点,即市场经济的发展也会破坏村落共同体的生产关系和社会关系,以及这个侵蚀过程,波兰尼在其《大转型:我们时代的政治与经济起源》中有详细的分析和描述:市场经济要求也迫使土地和劳动者分离,并分别进入市场的流通体系,成为能自由交易的商品,其将本是嵌入村落共同体的经济生活硬生生地从村落里的社会生活中剥离,而在这个过程中,原来共同体内的互惠性关系、自足性特点也就当然丧失了(卡尔·波兰尼,2009)。

对于市场和村落共同体的关系，毛丹也进行了精辟论述：市场绝不会容忍村落共同体的存在，尤其村落共同体的特性，它会全力以赴把劳动者从共同体中分离出来，不仅从经济领域也从社会生活中把共同体剔除，因此，如果社会保护、国家保护方面没有比资本更强大的力量和干预，市场力量断然不会放弃对农村社会特别是村落共同体的瓦解（毛丹，2010）。

大规模农场的形成与发展主要是由政府和资本在推动，对于村庄来说其不是内生的，而是“外来者”，同时大规模农场以资本投入为基础、以追求利润最大化为目标、以企业方式为组织经营形式的本质和特点决定了其资本性和市场性，从而无法与村庄相融，且会不断“侵蚀”村庄。如前所述，大规模农场的经营活动必须在村庄这个社会背景下进行，却无法实现与村庄的价值对接、生活对接以及经营对接，这影响了大规模农场的最终经营和生存。但反过来，与村庄社会互惠互助、注重人情往来的价值观和行动逻辑相冲突的大规模农场的入驻，对村庄社会生活来说是一种“入侵”，也给村庄带来了深刻影响和变化，大规模农场在村庄的经营活动对村庄社会又产生了怎样的影响呢？

对于小农来说，小农经营既是生产方式也是生活方式，它几乎包含了家庭生活的生产、消费、互惠等所有层面，所以小农的生活也构成了村庄的社会生活，在村庄内形成了各种联系纽带，从而形成了一个生产、生活的共同体，这个共同体因强互惠性、强纽带关系等特性而具有丰富的社会资本，从而在后代抚育、老年赡养、感情需求的满足以及生活共同体的维系等方面起着重要的作用。如图5-1所示，村落为人类最初和最基本的聚居形态和共同体。村庄共同体的解体对农民生活、村庄社会会产生深刻影响，现在备受关注的留守儿童和留守老人自杀、被侵犯等社会问题，某种程度上都是村庄共同体解体的后果之一。虽然大规模农场经营导致的小农的解体已意味着村庄共同体的解体，但大规模农场经营还从对村庄共同体社会关系的直接破坏来影响村庄共同体。

这里仍以上一章的调查结果为依据，从村庄的互惠性关系、村民间的

图 5-1　传统村落

交流与联系、公共性参与、消费和生活方式以及村庄内部矛盾等方面，分析大规模土地流转对村庄共同体的影响。

第二节　大规模农场经营与村庄互惠性关系

在推进大规模经营之前，村庄内村民间存在各种互惠性关系，尤其像内蒙古自治区的 A 村民组，因经济条件较差，村民需要依靠各种互惠性关系来维持生产、生活以及维系村庄共同体。这些互惠性关系及互惠性关系的破坏主要体现在以下几个方面。

首先，村民间土地的非正式流转是村庄主要的互惠性关系。有能力举家搬迁入城，或者有能力外出打工的农户，会把自家的承包地免费或者以极低的价格流转给仍在村庄从事农业经营的农户。这些仍在村中从事农业生产的农户往往是外出打工不占优势者，如前面所说的 60 岁以上的中农，或者是家有病残的贫弱者。这些无法迁移或者外出谋生的农户，一般属于村庄的中下层，但他们通过免费或极低的土地流转费从那些外出的农户手中流转土地，通过耕种更多的土地来弥补这种不足，以实现家计的维持。这种村民间通过土地流转实现的互惠性关系，在某种程度上具有保护村庄弱者的功能，也保留了外出者归乡的余地，增强了外出者和留守者之间的联系和感情，从而有助于村庄共同体的维系。

这种互惠性关系不管是在较贫困的内蒙古自治区A村民组还是经济条件较好的安徽省B村民组和广西壮族自治区C村民组，都普遍存在。但为了实现大规模农场经营的土地流转基本消灭了这种互惠性土地流转。这种消灭一方面是通过直接的高地租接手原村庄内土地流出农户的土地，另一方面通过引入市场观念来破坏这种互惠传统，大规模经营者通过较高地租来进行土地流转后，土地流出户即使没有把土地流转给大规模经营者，也大大提高了流转给其他农户的土地租金。现在，以前村庄的土地流入户很难再流转到土地，至少很难再免费或以低价格流转到土地。

其次，村民间存在劳动力的交换和合作。农业生产具有季节性，需要依农时来进行，劳动力的需要较集中且劳动强度大。在大量农村劳动力尤其青壮年劳动力外出打工的今天，农民除了通过机械化来协助完成农业生产外，农户间劳动力的交换和合作也是完成农业生产的重要手段。特别是村庄中的弱者，如经济条件不好、劳动力不强壮的农户，更需要通过劳动力的互换与协作才能及时完成农业生产。这种互惠的重要性，在经济条件最弱、机械化程度最低且外出打工人数不少的内蒙古自治区A村最明显，而安徽省B村民组因种植早稻和晚稻，在双抢环节需赶农时，这种劳动力的协作也非常重要。如图5-2与图5-3所示，村民间需要合作进行换工插秧和耙地等农业活动。不仅如此，村民间这种劳动力的交换与协作是村民间互动与联系的重要载体，正是在这种劳动力的交换与协作中，各农户间建立了联系，加深了感情，产生了人情的欠与还、往与来，也产生了共同感。

随着土地流转，大量土地集中到少量规模经营者手中，大量的小农和中农不再耕种土地或者减少了耕种面积，农户间这种最常见也是最基本的劳动力的交换和协作逐渐减少了。已不再耕种土地的农户当然不再需

图 5-2　换工插秧

图 5-3　协作耙地

要这种劳动力的互惠，而还在耕种土地的农户，一方面因为土地减少对劳动力互换与协作的需求减少，另一方面，随着种地农户的减少，可进行劳动力交换和协作的对象也减少了。按当地村民的话说，即使别人来帮了忙，他不种地了，这个人情不知道怎么还，还不如不欠。所以，村民间劳动力的互惠关系的减少，产生的不仅是农业生产方面的影响，更重要的是带来了村庄社会生活的变化，这一点将在后面进一步论述。

第三，村民间的互惠性关系还体现在农业生产中很重要的水利灌溉的合作方面。一方面，水利灌溉具有公共性质，各农户单独很难实现利用大型水利或公共水利进行灌溉，需要互惠性的合作才能实现；另一方面，由于耕地的零碎化和分散化，在灌溉过程中需要各农户的互惠性合作。在内蒙古自治区 A 村民组，农田灌溉主要依靠多户农户共同挖掘、修建、管理一口深水井，多户共同抽水灌溉来实现；在安徽省 B 村民组，农田灌溉和管理以整个生产队及全村对公共水渠的疏通、管理、洪涝期的巡防与抗洪以及共同缴纳水电费为基础。而在具体的灌溉过程中，也需要多户农户的合作，比如在 A 村民组，一户农户浇地，至少需要 4 人才能完成，在 B 村民组，一户农户灌溉，需要通过其他很多农户的田地过水。在土地主要由大规模农场经营后，共同合作的水利灌溉体系基本解体，A 村民组的水井转包给了大规模经营者，B 村民组的水利灌溉则在小农户和大规模经营者之间产生了尖锐的矛盾，无法解决。

最后，在债务方面的互惠性关系。这主要体现在内蒙古自治区 A 村民组，因为 B 村民组的经济条件较好，互相借债的情况并不多，而在 A 村民组借债却非常普遍，这种借债在 A 村民组的农户生计维持方面发挥着重要作用，尤其在遭遇天灾的年份，农户基本需要靠借债来完成下一年的农业生产。A 村民组农户的借债有银行的贷款，也有向亲戚或其他农户的借债。向亲戚或其他村民的暂时借债更多是为了偿还银行贷款，银行贷款逾期不还，再贷款就会很困难，这对农户是严重打击。但是土地流转后，不再耕种土地的农户不仅向银行贷款更加困难，而且向其他农户借债也更加困难，一方面是因为其他农户情况也并不乐观，另一方面原因在于由于没有了耕地，银行或其他农户对其债务偿还能力产生了怀疑而不敢轻易借钱。

村庄这些因不再耕种土地或耕种土地的减少而产生的互惠性关系的

减弱或消失，不仅导致了农民生活方式的变化，还导致了村民的分化和原子化、村民间联结的减弱、村民对村庄事务参与的减少和漠不关心，以及村庄凝聚力的降低。

第三节　大规模农场经营与村民的生活和消费方式

在土地流转集中到大规模农场后，村民的生活发生了深刻变化，其中最明显的变化是生计方式的改变，即雇佣化。由于之前在村庄内仍继续从事农业的人口多为很难在城市找到工作的年老者和病残者，这些人在土地流转后，除少部分不得已进入城市外，更多人以在周边地区打零工或者给大规模农场做雇工来维持生计。土地流转后农户的生活和消费方式发生了巨大变化，而这种变化给村庄生活带来了多方面的影响。

"农民是这样一种人，在他孩子们的帮助下，劳作于属于他的继承的遗产上，不付给任何人租金，也不雇用任何人，只从属于为满足自我消费的生产，消耗自己生产的谷物，喝自己酿的红酒，裁剪自己穿的衣服，几乎不关心市场的价格，他很少买或卖什么，他不受商业的打扰……"Sismondi这样定义农民(Jarius Banaji，1976)。很多学者从不同层面总结过关于农民的定义，但这些定义中的农民最根本的共性就是依靠土地直接通过农业生产来满足自己大部分的需求，具有一定的自足性。随着土地的流转，农民的这种最根本性特征，即自足性，减弱甚至消失了。

在大规模土地流转之前，A村民组和B村民组的农户都自己种植粮食、蔬菜，供自家消费，部分农户还养殖一些家畜，家庭食品消费基本能实现自给自足。如图5-4所示，小农的生活场景：一只狗，几只鸡，一个鱼塘，一片菜地，草垛加果树。而在土地流转后，这种自给自足性大大减弱，一方面是因为不再有种植粮食和蔬菜的土地或者用于种植自家消费作物的耕地面积减少，另一方面是因为土地流转后生活方式的改变，使很多农户不再有照料田地和菜地的时间，而不得不放弃自己种植，转为购买消

图 5-4　小农的生活

费。

A 村民组地处北方，原本蔬菜自给度不高，但家畜对 A 村民组的家庭消费具有重要意义，不仅是直接的蛋白质来源，也是家庭日常消费的重要经济来源，包括日常的蔬菜消费。但土地流转后，农户慢慢都卖掉了自家饲养的各种家畜，要外出务工没时间照料是一方面原因，更重要的原因在于土地流转后，家畜的主要饲料来源即玉米和玉米秸秆没有了，而购买饲料来饲养家畜极不划算，所以农户都渐渐卖掉了家里的家畜。土地流转后，两个村农户的食品消费支出都大大增加，很多农户甚至由以前的基本自给转为基本靠购买，而食品消费质量并未提高甚至下降，尤其是经济条件不好的 A 村民组，土地流转后，村民的蛋白质摄入大大减少。

土地流转集中到大规模农场经营后，农户家庭的食品消费由基本自给转为依靠现金消费，而不得不更多依靠市场。这不仅意味着农户家庭食品消费支出的增加，更意味着小农特有的长处即自足性减弱甚至丧失，如此，生活的不安定性增加了，依赖性也增加了。现在，农民更需要通过参与市场活动才能维持家庭基本生计，即更需要依赖靠出卖劳动力来换取现金以维持家庭生计，这恰恰是马克思所说的农民的资本主义卷入，也是波兰尼所说的市场对社会生活的控制性。

不再从事农业生产的农民不仅意味着丧失了自足性，还意味着生活方式的改变。其生活不再具有完结性和可预期性，依农时而动的生活节奏、围绕农业生产的社会生活、可预期的生活轨迹、稳定的家庭生产与再生产等，都意味着农民的生活具有完结性和可预期性。而现在，不再从事和依靠农业生产，而主要依靠不定的、动荡的、非农的工作和收入来生活和维持家计，农民的生活呈现出不安定性、碎片化和不可预期性。

第四节　大规模农场经营与村庄互动

村民间的互动与交流是村庄生活的重要部分，也是形成村庄共同体联结纽带和凝聚力的重要途径。成员间互动的频度和强度、交往的深度、相互熟悉的程度等是滕尼斯区分社会与社区的重要维度。成员间互动频繁、强度深，在此基础上形成的全人格性交往是村庄共同体的典型特征，也是村庄作为一个共同体发挥各种功能的基础。大规模农场经营对村庄这种互动也产生了显著影响。

首先，由于村庄人口的进一步减少以及生计手段的村庄外在化，村庄内村民间的交流明显减少。以前由于农业生产具有季节性和同步性，仍在村庄从事农业的这部分农民的生活内容和生活节奏是相似的，忙时大家一起忙，闲时大家一起闲，悠闲的方式也多为看电视、串门聊天和打牌等。村民对彼此的生活熟悉而有预期，知道什么时候去串门最合适，知道下雨天打麻将最方便，图 5-5 为村民闲时结伴去赶集。

一方面，土地流转后，村庄人口进一步减少，村民间的日常交流也减少。人口减少最明显的是内蒙古自治区 A 村民组，因经济条件较差，又地处偏僻，周围城市就业机会也不多，大规模农场雇佣机会有限，由土地流转挤压出来的人口很难实现就地或周边就业，而不得不选择外出到更

图 5-5 村民结伴去赶集

远的城市去谋生。按当地村民的说法，土地流转后最明显的变化是，锁把门的户数越来越多了，有时候走在村里想找个说话的人都没有。另一方面，土地流转后，由于生计的村庄外在化以及多样化，各家生活都发生了较大变化，生产与休闲时间不再固定，很难把握各家的生活情况而形成固定预期，也就不再方便串门。按村民的说法："你就不知道什么时候去她在家或者是闲着的，再说人家也忙，我也忙，有时候回家就想睡觉，哪还想着串门。"为了维持家庭生计，土地流转后农户的休闲时间减少，体力支出更大，也减少了村民间的交流。

其次，由于农业生产活动的减少，村民间的交流往来明显减少。农业生产中的合作与互惠不仅是农业生产的需要，也是村民生活的需要，是劳动也是生活。在共同的劳动中，人们互相交流信息、交换看法，在共同劳动后，人们在一起聚餐喝酒，这是农民生活的重要部分，也是增强交流、加深感情的重要方式，也是形成村庄舆论和规范的机制来源。在劳动力的互换互惠中，人们不仅实现了生产，也形成了人情的往来，促进了日常的交往。也因为相似的生产活动和生活内容，人们之间有共同的话题和关心的事务。围绕劳动力的交换和共同生产，村民形成了交流与往来的主要形式和内容，也形成了村庄复杂交错的联系网络，以及村庄的公共生活，它是联结村民的重要纽带。土地流转后，人们之间的这种联结纽带没有了，各农户成了断裂的个体，不再有共同的生活中心，人们没有了交流的平台，沟通的必要性也大大降低。

第三，生活方式的改变导致村民间交流的减少。如前所述，由于生计方式的改变，人们生活方式也发生了巨大改变。不仅休闲时间减少，生活压力增加，而且各户不再有共同的生活节奏和生活内容，这导致了村民间相互串门、聚会等都大大减少。各家的生活更趋向于个体化、内向化。比如以前在B村民组，男人们喜欢聚在村中的小卖店里聊天、打牌，这成为村民间重要的交流方式，也形成了村庄主要的公共生活。但土地流转后，人们基本没有时间和精力再去小卖店聊天、打牌了。而在C村民组，之前每年都与别的村进行篮球比赛(图5-6为村中曾经备受欢迎的篮球场)，本村青年也经常进行篮球比赛，而妇女则经常跳广场舞，土地流转后，随着大部分村民进蘑菇厂工作或者外出务工，这些活动都没再举行，因为“上一天班回去只想睡觉”“经常要加班”“都累得不行，哪还有精力”。C村民组一位在蘑菇厂上班的妇女说，她女儿出嫁后和女婿回门，她因请不了假都没在家招呼，这在以前是不可想象的事。

最后，红白喜事的减少对村民的交流和情感沟通也产生了弱化影响。

图5-6　村中曾经备受欢迎的篮球场

图 5-7　村中农户办喜事 1

图 5-8　村中农户办喜事 2

如图5-7及图 5-8 所示，红白喜事不仅是家庭的重大事件和仪式，对于村庄尤其家族来说也是重要的公共事件和公共生活。红白喜事的操办需要整个家族或者整个村庄的分工协作配合，且是自愿无偿的，其是村庄生活互惠的重要方面；同时红白喜事也是村庄人情往来、社会关系构建的重要媒介，整个红白喜事的过程也是村民相互交流感情的重要平台。红白喜事在村民生活、村庄联结、村庄整合中起着重要作用。在土地流转之前，随着打工经济的兴起，村中红白喜事不管是举办的频次还是举办时间都有所减少，但土地流转之后，随着剩余小农和中农的解体，村庄更缺少了生活主体、丧失了生活的中心性，红白喜事更近一步减少。在B村民组，按当地习俗，人过世后需要8个非亲族的青壮年抬棺材，历年来这8个人都是由本村出，但随着土地流转，在村中生活的人越来越少，已很难凑齐8个抬棺材的青壮年。在C村民组，按照传统，红喜事需要操办3天，白喜事需要操办6天，但在工厂上班后，一是没时间了，二是老板不让请假，于是红白喜事都变成了一天办完。这其中减少的不仅仅是时间，还有这个过程中各种仪式、互动、情感体验等，而这些是共同体生活的重要成分。

第五节　大规模农场经营与公共性参与

成员对共同体的公共性参与是共同体的一个重要特征，是共同体联结纽带的体现，是共同体具有凝聚力和归属感的体现，也是共同体能发挥作用的基础。村庄共同体成员对共同体公共性参与主要体现在对村庄公共事务的决议和参与，以及对村庄舆论的积极建设中，包括农田水利等事务的参与和村庄自治的民主参与。

村庄的主要公共事务就是围绕农田水利的灌溉和水利设施修建，道路桥梁修建，村庄活动中心如广场、篮球场、图书室等的建设，村庄红白喜事的操办，以及组长(或称队长)、村主任的选举等。在土地流转前，生活在村庄的农户大多仍种地，生活的中心仍在村庄，他们不仅需要集体协力解决如灌溉及道路等公共问题，也关心村庄内包括组长在内的干部任免，因为干部的好坏不仅直接影响自己的农业生产和日常生活，还关乎村庄的公平正义和社会风气。而村庄的社会舆论，既是村庄公共性的重要体现，又是村庄公共性实现的重要基础，有效的村庄舆论能阻止搭便车行为以及规范村庄秩序、约束村民行为、加强公共道德。

在B村民组，土地流转前，每年汛期都需要组长组织各家劳动力去进行巡逻防汛，每户都需要出劳动力，如果家里青壮年都在外打工，老人无法出工，就需要交一定数额的钱来进行弥补，以请其他人来代工。这些事情的组织和执行都需要一个有魄力、有公正心的组长来执行，否则就会出现普遍的搭便车行为而无法实现。公共水渠、村庄道路的修建基本都以此种形式完成，所以选择一个好的小组长很重要。每次选小组长，村民都很谨慎、认真。但小组长是没有报酬的，并不是每个人都愿意当小组长，甚至大部人都不愿当小组长，但一旦经过村民公选，就具有了权威性和神圣性，被选上的人基本会认真履行职责，因为这是村民对自己的信任。

在村庄公共舆论方面，因共同体内成员需要一起解决公共事务，有共同的利益，共同体成员的搭便车行为或其他“违规”行为会直接损害到其他成员的利益，所以共同体成员会用公共舆论来约束有损共同体利益的行为，这种行为不仅包括在公共事务中的搭便车行为，还包括日常生活中的不孝、败坏社会风气、不利于公正公平的行为等。因为村庄是大家的村庄，是大家生活的空间和中心，即使是不孝这样的行为也会影响生活在其中的成员。同样，因为大家有共同的利益，相互之间是依存的关系，所以共同体成员会因害怕来自其他成员的惩罚而努力遵守共同体规范，在乎公共舆论的导向和评价。B村民组之所以具有良好的集体行动能力，很重要的原因在于B村民组的公共舆论很强大。而公共舆论能产生效力、发挥作用，需要村民的积极参与和构建，这个过程又是需要公共生活作为基础的。

总之，无论是村庄公共事务的参与还是公共舆论的形成，都需要一个共同的基础，即村民以村庄为生活中心，存在共同利益与目标。在土地流转前，共同的农业生产使村民具有了共同的公共品供给需求，从而产生了参与公共事务的动力，共同的农业生产和生活空间也使村民具有了共同的生活中心，从而也产生了公共舆论。围绕共同的生产和生活中心，形成的是一个生产和生活的地域共同体。在这个共同体内，每个成员都关心和在乎村庄。土地流转实行大规模农场经营后，农户或至少大部分农户不再从事农业生产，以前在凝聚村民中起重要作用的、与农业生产密切相关的农田水利和道路设施的建设、水利灌溉的合作，以及围绕这些产生的协作和矛盾等一并消失了，变成了不再与村民相关的事。同时，因没有了共同生产作为基础，仅剩一个共同的居住点，而各家的生计方式又发生了巨大变化，共同的居住点又不能形成共同的生活中心，共同体成员间的相互联结纽带减弱。土地流转实行大规模农场经营后，村庄公共性的参与急剧减弱，农户都各忙各、自顾自，对村庄公共事务没有了参与的必要，也没有了参与的积极性。在这个过程中，村庄公共舆论也在逐渐衰退。

第六节　大规模农场经营与村庄矛盾

大规模农场经营在村庄产生的另一后果是村庄社会矛盾的变化。我们说，大规模农场经营者是村庄的外来者，且大规模农场经营遵循的是大资本和市场竞争逻辑，与村庄的生活和价值逻辑不相符，从而导致了大规模农场经营的困境。反之，对于村庄，大规模农场经营集中了村庄耕地的大部分甚至全部，其在村庄的经营是与村庄逻辑相悖的，对村庄来说是一种“入侵”，对村庄生活也产生了重大影响。这种影响中的一个重要方面是村庄社会矛盾的变化，这种变化分为两个方面，即矛盾主体的变化和矛盾属性的变化。

首先，村庄社会矛盾的矛盾主体发生了根本变化。土地流转集中为大规模农场经营后，村庄内村民间的矛盾大幅度减少，但村民与大规模经营者之间的矛盾急剧上升，由此而引起的村民与村干部间的矛盾也增加了。大规模经营者入村之前，村庄内矛盾主要是村民间围绕灌溉、地界、牲畜等关于农业生产和日常生活的纠纷和矛盾。大规模经营者入村之后，农民不再种地，围绕农业生产的矛盾基本消失，种菜、喂养牲畜大量减少，相关矛盾也减少很多；而由于日常往来的减少、公共生活的减少、相互关注和依赖的减少，日常生活的摩擦和矛盾也大量减少。但另一方面，以前未出现过的矛盾开始出现，且有不断增多的趋势，这些矛盾主要是大规模经营者与农户间、农户与村干部间的矛盾。

大规模经营者的经营活动在村庄中进行，必然会影响村民的生活，如因大规模同时喷洒农药和排水，被农药污染的水排放到水沟鱼塘而毒死养殖户的鱼，并污染了农户的生活用水而引发矛盾。同时，对于大规模经营者，村民的生活和活动也影响了其经营活动，如村民在田埂地边种豆种菜，影响其农作物生长和管理，如村民饲养的家畜损害了庄稼等。如图5-9所示，村民为抓住一切空间种豆种菜以供给自家消费，而在大户的田埂上进行农业生产，但大户认为其影响了庄稼的光照和通风。当这些矛盾发生，最终需要村干部来协调或当仲裁者，在这个过程中，很多村民认为村干部偏袒大规模经营者而又引发村民对村干部的不满和信任危机，从而又导致村民不配合村干部工作。在三个村，土地流转后，协调大规模经营者或老板与村民的矛盾，都成了村干部的主要工作之一。

图 5-9　村民在大户的田埂上种菜种豆

其次，随着矛盾主体的变化，矛盾的属性也发生了变化。以前村庄的矛盾主要是在共同体内，村民围绕农业生产、日常生活而产生的矛盾。但现在，矛盾的本质变成了资本家追求利润最大化和共同体的互惠性规范之间的价值矛盾，即作为大规模经营者，其追求的是利益算计，而村民遵循的是村庄互惠。

农民认为：我把地全都流转给了你，且这种流转并不是非常情愿的，然后为了有点菜吃，在你的空田埂上种点黄豆青菜，你都不愿意，还都给我拔掉，这太没有人情味，做得太绝。而大规模经营者认为：我拔掉你的黄豆青菜理所当然，首先你把地流转给了我，这田埂就属于我的了，你没权种而我有权拔；其次，你种的黄豆青菜影响了我田里庄稼的通风和日照。同样，农民认为：你流转了我的土地就应该雇用我给你干活，且我都习惯了按自己的节奏来管理农田从事劳动。但大规模经营者认为：你强壮好用我才会雇用你，且一旦雇用，就应该按我的要求来工作，必须效率化，所以需早 6 点晚 6 点都有效率地工作，必须在农药效果发挥最好的中午喷洒农药，如果工作量不够，扣工资也是理所当然的。但对于农民而言，中午喷洒农药（很容易引起农药中毒）、从早 6 点到晚 6 点都一样有效率地工作、扣工资等行为都是残忍、不通情理而无法接受的行为。

大规模经营者与农民之间的矛盾涉及各方面，但产生这些矛盾的根本原因是一样的，即大规模经营者与农民之间判断对错的标准不一样、处理问题的原则不一样。大规模经营者代表资本在经营，只追求利润的最大化，遵循的是效率化和市场原则；而农民遵循的是互惠、人情的原则。各自有自己的情理，却无法相通，最终让村委来做裁决时，必然也难判出是非曲直，很难给出一个让双方都信服的处理结果。于是大规模经营者与农民互相采取各自的方式来处理，大规模经营者要么放弃经营、要么宁愿付出更多成本也尽量断绝与村民的接触，而农民则更多采用“弱者的武器”来对抗大规模经营者。

最后，农民的消极性对抗。对于与大规模经营者之间的矛盾和纠纷，农民在进行多次交涉后逐渐发现，大规模经营者并不会改变其处理方式和行为准则，而自己相对于大规模经营者处于弱势地位，同时，村干部也很难进行调解和处理，于是，农民逐渐改变了应对策略，更多采取消极性对抗。这种消极性对抗是相对找村干部，或通过法律手段积极进行协调、维权而言的，消极性对抗是指村民更多采用非官方的、暗中的、非直接面对面的方式来对待甚至报复大规模经营者的行为。消极性对抗的表现形式也是多样化的，如看见大规模经营者的灌溉渠道破损了而袖手旁观，甚至故意破坏渠道；流转土地后本不再喂养家畜的重新饲养家畜，并不对家畜进行管理，任其破坏大规模经营者的庄稼；在给大规模经营者干活时故意磨洋工或故意偷工减料；偷窃大规模经营者的庄稼，等等。这些消极性对抗并不是一开始就有的，而是随着双方矛盾加深，农民觉得解决和改变无望的情况下"发明"的，并且有逐渐加剧的趋势。

虽然A村民组和B村民组的具体情况不一样，但土地流转集中到大规模农场经营后，村庄共同体的生产方式、生活方式以及共同体的联结纽带等都发生了巨大变化。随着土地集中到少数大规模农场，农户由全业农或兼业农转变为雇佣劳动者，或者给大规模农场当雇工，或者去外地和周边城市打工，家庭生计维持方式发生了根本变化。伴随这个变化，村庄共同体也发生了巨大变化。丧失了农业生产的依托，村庄也丧失了其生活中心的地位，不再是村民生活的轴心。村庄内互惠性关系开始消减，村民间日常交流减少，村民的公共性参与减弱，而且村庄共同体的自足性、完整性进一步被破坏，村庄共同体的联结纽带、凝聚力减弱，同时产生了新的矛盾。

作为强调经济增长的经济自由主义，通过市场这把利器对共同体的这种瓦解产生的阵痛是剧烈的，后果是深远的。如波兰尼所说，虽然也许经济得到改善，但导致的退化和沦落并不是由于经济上的剥削，而是被牺牲者文化环境的解体，在于对体现其社会存在的制度设置的致命创伤，后果是其自尊和水准的丢失（卡尔·波兰尼，2007）。

第六章 家庭农场的社会性意义及发展契机

农户家庭农场经营和大规模农场经营的效率，不能仅仅从微观层面的投入产出来进行衡量，还需考虑宏观的社会效益层面。

第一节　家庭农场的社会性意义

政府正在大力推进土地流转来实现农业的规模经营，其中很大部分的规模经营都是依靠外来公司、个体企业家或者有资金者，而且对于经营规模倾向于越大越好。但是无论从理论还是从实践结果来看，农地经营规模并不是越大越好，超出一定规模后反而会降低效益甚至亏本（普罗斯特曼等，1996；刘凤芹，2006；贺雪峰，2012）。黄宗智用大量案例、数据和理论论证了现在的中国更适合依靠农民自己的力量，通过发展小规模家庭农场来实现中国农业和农村的发展（黄宗智，高原，彭玉生，2007；黄宗智，2010）。

农户家庭农场经营和大规模农场经营的效率，不能仅仅从微观层面的投入产出来进行衡量，还需考虑宏观的社会效益层面。有国外学者对世界范围内关于小农经营和规模经营哪个更有效的研究进行了梳理后发现，两者都有理论研究和实证研究的支持，并不能仅从一个方面来判断其优劣，判断何种形式最好不能只看劳动生产率，还需要考虑“社会最优”性，在劳动力的社会机会成本很低而资本和土地的成本很高时，小规模农业能实现更大的“社会最优”，提供更高的“全要素生产率”，因为其最大化利用了便宜要素（劳动力）而不是昂贵要素（资本和土地）（Ellis，1988；Khan，et al，2002）。

在我国的现实情况下，家庭农场可结合小农户经营和大规模经营的优点，避免它们的缺点，可作为改进小农户经营缺点，避免大规模农场经营缺陷的可替代方案之一，更具有社会最优性。而家庭农场具有的社会性意义也需要在小农所具有的社会意义以及大规模农场经营所导致的社会问题中明确。对于小农户经营尤其小农户中“中农”的社会性意义，贺雪峰以及华中乡土派的一些学者给予了充分的论述，而对于大规模农场经营所导致的农户生计问题以及共同体解体的问题，我们在第四、五章进行了详细的论述。那么家庭农场具有什么样的社会意义？在总结前面研究的基础上，我们将从社会资源的利用和配置、农民就业与增收、村庄共同体维系以及农业发展四个层面进行探讨。

一、社会资源的利用与配置层面

曹幸穗对明清苏南地区家庭农场的研究以及黄宗智对华北平原经营式农场的考察都发现，家庭经营的规模只有达到一定程度才能实现资源的优化配置，比小规模农户更“经济”（曹幸穗，1996；黄宗智，1986）。他们这里所说的资源优化配置仅仅针对家庭资源的优化配置和充分利用，在现在中国人多地少、劳动力资源较廉价而资本和土地较昂贵的现实下，家庭农场经营不仅具有家庭资源配置的优势，还具有社会资源利用与配置的优势。

首先，在家庭资源配置方面，比起小农户，家庭农场经营最明显的优势是能充分释放家庭劳动力，实现家庭劳动力的最优配置。而比起大规模农场经营，家庭农场能通过灵活进行家庭各种资源间协调和利用，从而降低成本，并具有更高的土地生产率。如通过租赁机械来节省昂贵的资本，并避免机械限制带来的资源浪费；通过投入更多家庭残余劳动力来节省劳动力成本，并获得更高的土地生产率，等等。

家庭经营的成本计算中没有计入劳动力成本，如果详细计算，会发现农户家庭经营的劳动量投入多于大规模农场经营的劳动量投入，但这并不意味着其劳动力成本更高，劳动力成本不是按劳动量而是按市场价格计算的。一方面我国农业劳动力机会成本本就很低，另一方面在我国快速城市化背景下农村劳动力大量流入城市，留在农村进行家庭经营的劳动力基本属次级劳动力市场的次级劳动力，以在主要劳动力市场甚至次级劳动力市场无法获得工作机会的老人和妇女为主，其劳动力市场价格很低，所以家庭经营的劳动力成本并不高。但是这些在商品经济的劳动力市场中价格并不高的折价劳动力，在农业经营中的效率并不比全价劳动力低甚至更高，大部分农村地区的60～70岁的老人都还是种田能手。这样，家庭农场经营其实充分利用了低社会机会成本的劳动力优势消解了高成本的资本劣势，而现阶段我国的现实情况是劳动力的社会机会成本很低，而资本和土地的成本很高，其产生的社会效益也在于此。

其次，从社会资源的利用来看，家庭农场比大规模农场具有更优的资源利用性。从长远来看，如果不考虑社会成本，大规模经营现在面临的不利条件通过技术改进、机械化水平的提高和政府政策扶植都可以得到解决或改善，然后发展成美国农场一样的经营模式。但美国的社会条件是地多、人少、资本多、能源廉价，其劳动力的社会机会成本很高，而土地和资本成本低，推进农地大规模经营可实现用低成本要素来替代高成本要素，再加上可通过跨国公司和WTO规则将农产品销往全世界，所以美国的大规模农场经营无论从经济效益还是从社会效益来说都是有利可图。

我国的情况刚好相反，劳动力的社会机会成本低，而土地和资本却很稀缺，推行大规模经营恰恰是用高成本要素替代低成本要素。现阶段由于机械化水平、技术水平、资金、地租等条件的限制，规模经营很难实现高效率和高利润。同时，我国人口数量庞大，粮食安全具有战略重要性，我国粮食生产的目的更多是满足国内庞大人口的需求；再加上我国有庞大的农村人口和广大的农村地区，大规模经营后挤出的庞大失业人口无论是将其转移至城市还是就地管理都需巨大的社会成本，而村庄社区的解体会进一步增加社会管理的成本。所以从长远看，即使规模经济能提高效率，在我国也并不能实现"社会最优"，且会产生巨大的社会成本。而家庭农场能实现更大的"社会最优"，提供更高的"全要素生产率"。

二、农民就业与增收层面

在我国，"非理想条件"下生硬发展起来的大规模经营并不一定能产生美国大农场经营的效率，反而还会产生较高的社会成本，即农民的失业和分化。这里有一个悖论，土地流转集中经营后，一方面增加了农民的失业，另一方面大规模经营者却还面临劳动力不足和高劳动力成本问题。其实这仍是资本主义农场经营与小农经营内在本质区别的体现。

失业农民的增加在于，土地流转集中到极少数经营者手中后，那些最后从土地上“解放”出来的劳动力很难进入商品经济的劳动力市场，因为“解放”的本就是已经经过市场淘汰的在劳动力市场竞争中的无效劳动力。而大规模农场经营是一种资本主义企业式的经营，其以利润最大化为导向，以效率、竞争为准则，所以其所需要的也是能在劳动力市场进行竞争的劳动力，是具有现代“理性人”特质和“职业精神”、能遵循现代市场规则的劳动力。所以大规模农场经营所需的劳动力与土地流转后解放出来的劳动力并不是一个意义上也不是一个层次上的劳动力，两者也就难以实现对接，从而造成一方面农民在失业，另一方面大规模农场却面临劳动力不足与高劳动力成本的问题。

而小农经营恰恰具有与资本主义大规模农场相反的特质，其以家庭生计为中心，以家庭需求为导向，以家庭分工为基础来组织生产，小农经营“效率”的含义是家庭每个成员能“各尽其用”，其追求的是家庭生计的维持，所以所有家庭劳动力都是有效劳动力，在农业生产中也可进行不记成本地投入家庭劳动力，并且对劳动力最终产生的效益不是按每小时或每天的生产率，而是对总效益是否有所助益，只要有所助益就是值得的。所以对于大规模农场来说价值不大的年龄过高或女性劳动力，对于小农经营来说却是从事农业生产最好的劳动力，其不仅能有效完成农业生产，还能解放出家庭中能在劳动力市场具有竞争力的劳动力，去力争家庭生计的多样化，以最大化家庭收入，优化家庭生计策略。

在各地调查中，地方政府在说到进行土地流转规模经营的必要性和好处时，都会说到解放劳动力，其实这是个假问题，所谓的解放其实是使农民被动失业。之前被纳于土地的这些在市场竞争中的弱者的失业不仅无法解决大规模经营的劳动力问题，还会增加社会运行成本，如由失业而产生的贫困问题加剧、农村养老负担加剧、农村管理困难等。

家庭农场的意义在于，其可继承小农经营的社会效益，又可具有规模经营的经济效益。现阶段的中国小农经营因经营面积过小和过于分散，以及其维系性经营的特征，不利于农业生产率的提高和农业创新，也因其经营面积过小和过于分散，农户的家庭劳动力以及其他资源也难得到充分释放和利用。家庭农场因维持一定的经营面积，故而可克服小农经营以上的缺陷，同时因其家庭经营的组织形式，以及对村庄本土资源的利用，又可解决大规模农场经营面临的成本过高、资源耗费过大、劳动力雇用和监管困难、风险高等困境。同时，因其主体是仍是农民，且通过村庄资源雇用一定劳动力，可避免小农经营的解体、农民大面积的失业以及村庄的失重。

因为家庭农场的经营主体仍是农民，还具有另一个意义，即农业改革和创新的成果最终增加的是农民的收入，产生的效益最终又流向了农村，这不仅有助于避免以上问题的发生，更有助于“三农”问题的解决，以及农村的建设和农业的发展，也有助于农民和农村在国家整体发展中发挥作用。大规模农场经营以大资本投入为基础，追求的是资本的回报，即使土地生产率低、亩利润低，但达到一定规模后仍可增加总收入。但无论大规模农场经营的收入增加多少，其增加的收入都不可能流向农民和农村，对改善农民生活和农村建设并无裨益。且资本判断利益得失并不是按绝对收益，而是按资本回报率，大资本为了获得与其他行业相当的资本回报率，必然会不断要求政府提高补贴、提高粮价等，但最终这些只是“肥沃”了个别大资本者，这是美国的农业现状。美国也许能实现并承担这些，但对于中国来说却难以实现。

三、村庄共同体维系层面

现在中国正积极发展城镇化，在这个过程中，促进农村劳动力的流动和非农化成为促进城镇化的一种手段，但这并不意味着要消灭小农和解体村庄。消灭小农和解体村庄并不是促进农民流动及非农化的必要条件，反而小农和村庄的保存是促进农民流动和非农化的条件。因人口众多以及特殊的制度设计，中国现在城市的发展、城市化的推进是以代际分工和“半工半耕”结构为基础的，“耕”不是“工”的羁绊，反而是“工”的基础，没有“耕”，中国的农民工很难在城市立足，也不会有廉价的城市劳动力以及低成本的城市化(贺雪峰,2013)。同时，能保持“半耕”，也需要“半工”的支持，否则农民难以维持家庭生计(黄宗智,2012;贺雪峰,2013)。但是在农村的“半耕”除了需要家庭的“半工”支持外，还需要村庄共同体的支撑才能维系，没有村庄共同体提供的村庄互惠规范、公共品供给、生活主体性等，仅靠家庭的残余劳动力很难维持家庭的农业生产、家庭再生产以及生活物品的提供。

大规模农场经营通过消解小农、消解村庄公共性、消解村庄的生活轴心地位对村庄共同体产生了解体作用，在这个过程中，最重要的不是村庄的经济性功能被削弱，而在于在这个过程中，村庄作为一种文化载体、生活载体和价值载体的崩塌。正如波兰尼所说:“导致的退化和沦落并不是由于经济上的剥削，而是被牺牲者文化环境的解体，在于对体现其社会存在的制度设置的致命创伤，后果是其自尊和水准的丢失(卡尔·波兰尼,2007)。”在这个过程中，对于农民来说，最痛苦的不是生计变得艰难或者生活变得更忙碌，而是体现其社会存在的制度设置的弱化甚至消失，从而丧失了生活的主体性、意义性，最终导致自尊和水准的丢失，这才是最严重的后果。正如贺雪峰所说的，我们需要关心的是农民如何能获得体面而有尊严的生活(贺雪峰,2007)。即生活和生命价值意义的体现和归属，才是以人为本，才是发展的最终目的。对于还有7亿农民的中国来说，维持社会稳定、保持可持续发展，关注这一点至关重要。

村庄共同体的维系对农民的生活至关重要，也对农村社会稳定和农村治理至关重要，而村庄共同体的凝聚点是小农。家庭农场不仅是一种扩大的小农经营，其经营主体仍是农户，生活的中心仍是村庄，并且家庭农场是全业型农户而不是兼业型农户，家庭收入来源主要依靠农业经营，且其农业经营主要是在村庄内进行，需依靠村庄的公共资源和本土社会资源。比起小农,家庭农场还具有更强烈的追求收入最大化的动力和能力,具有更强的引进新技术、进行农业创新和改革的动力,以及更强的改善农业基础设施、农村公共品供给的倾向。所以家庭农场主会比小农更强烈,或者至少和小农一样,关心村庄政治、建设、生活、舆论等,也具有更强的动力和能力成为村庄的主导力量,成为村庄的核心,从而起到整合村庄、发展村庄的作用。

但是,家庭农场对村庄的整合作用不是建立在消灭小农的基础上的,而是建立在整合小农的基础上的。家庭农场具有更强的创新性和对村庄的参与性,可起到整合村庄核心力量的作用,但村庄的完整性需要家庭农场和小农户的共存,如果一个村庄只有少数几个家庭农场,很难实现村庄生活和村庄功能的完整性。中国的耕地如果按 18 亿亩算,一个家庭农场的面积仅按 200 亩计算,中国的所有耕地最终也只能成就 900 万个家庭农场,而根据第二次全国农业普查,中国的农户家庭在 2006 年时有 2 亿户,短时间内,如果以 1.9 亿户小农来成就 900 万个家庭农场,其对农民和农村的影响同样是破坏性的。村庄共同体的维系、农村和农业的稳定持续发展需要家庭农场和小农的共同经营和维系,而家庭农场与小农的同质性和可互相转换性为其提供了基础。

四、农业发展层面

从农业发展来说,虽然同样强调规模经营,但大规模经营与家庭农场经营却代表着农业发展的不同方向。美国多为大规模农场经营,这种经营主要以单一品种的大规模种植为特征,高度机械化,需要大量石化能源的投入,因此也被称为工业化农业或石油农业,这种农业的发展最终导致了小农消失和农村衰落,产生了农业资源退化、能源危机和全球气候变暖的环境问题,以及农作物和食品供应多样性的消失与食品安全问题(刘春燕,2014)。比起美国,欧洲农业多采用中等规模的家庭农场,日本农业多采用技术和劳动力集约型的小规模家庭农场。欧洲农业和日本农业比起美国农业具有更多灵活性,尤其在发展绿色农业和可持续农业等方面。

现今，粮食安全问题日益成为重要的全球性政治问题，保证粮食安全是各国，尤其是中国这样的大国的一个重要任务；另一个方面，在环境问题日益成为重要社会问题的今天，实现农业的可持续发展也是各国发展农业的一个重要任务。在这样的背景下，农业的发展需要完成的不仅是经济性的功能，更需要承担多重任务。农业的发展需要多样化、功能化和整合性，不仅需要通过多样化来满足多样化的社会需求，还需要通过发展有机农业、绿色农业等实现生态环境保护、农业的可持续发展及食品安全的保障，更需要通过农业的发展来整合农民、农村，实现农村社会的发展和稳定。

对于农业面临的多重任务，通过前文对家庭农场和大规模经营农场的分析，我们至少可以得出以下结论：比起大规模农场，家庭农场的经营更具有灵活性和本土性，也更有利于增加农民利益、增强农村社会的整合。同时，我们还可以预见，因为家庭农场经营的灵活性和本土性，其更具有发展有机农业、绿色农业的优势，从而更有利于农业的可持续发展，而大规模农业高耗能、高污染的发展方式对农业的可持续发展非常不利。

同时，因为中国地域辽阔，人口众多，具有多元性文化和强烈的地域特色，这决定了地方性市场在农产品销售中的作用。大规模农场经营需要产品的单一化、特色化、集中化以及发达的运输和保鲜系统，也就需要统一的全国市场以及世界农产品市场的补充，但世界农产品市场的开放和自由化更有利于如美国这样的发达国家，发展中国家反而容易陷入依附性地位。家庭农场成为农业经营的主体，更有利于保护地方性市场，也更有利于满足多样化的消费需求以及保护多样化的地方文化。

家庭农场的核心在于：①经营主体是农民，强调农民的参与和积极经营；②经营方式主要是家庭经营，其过程必然是对自然资源、家庭人力资源以及村落社区社会资本的充分利用；③经营结果也是增加农户收入，从而最终增加整个农村社区的财富和社会资本。而外来资本的大规模经营在各个方面刚好与其相反，最终结果会是抽取了农村的各种资源造福了个别外来资本家或企业。相比较而言，家庭农场经营更符合内生性上向式发展道路，大规模农场经营更接近外生性下向式发展道路。

第二节　中国发展家庭农场的制约与契机

既然发展家庭农场具有更好的经济效益和社会效益，为什么在政府大力促进土地流转之前，农民自己没能实现土地的大规模流转而自发形成家庭农场？在政府大力促进土地流转之后，大规模土地的经营者为何大部分是外来的大户、企业家或企业？之前是什么限制了家庭农场的形成？现在是否已具备促进家庭农场发展的条件？以及家庭农场经营如何得以实现？对于这些问题的考察，有助于为发展家庭农场认清现实、扫清障碍。

对于农民自己为何没能自发实现土地的大规模流转，很多人从土地产权、土地承包期限、村庄或村民组内进行土地调整的习惯等层面进行了分析。但在政府大力促进土地流转以前，村庄里就已经有很多外出打工或就业的人以及年老者或全家外迁的人把土地流转给本村村民，如很多调查和研究所发现的那样，民间存在大量的非正式的土地流转。其实与产权、承包期等无关，在民间，土地流转很顺利并且大量地进行着，只是这样的土地流转并不是以我们所期望的土地集中和大规模经营的形式在进行。问题的实质不在于土地有没有流转，而在于在农民间为何未能形成规模流转和家庭农场经营。

如果我们的问题点落在了为何农民自己未能实现规模流转和经营，那么对于在政府推进了土地流转后为何大都是外来者的问题，其实是对同一个问题的分析。即在政府大力促进土地流转之前，农民因为某些原因未能自己实现土地的集中和规模经营，在政府大力促进土地流转之后，农民还是可能因为同样的原因而不能实现土地的集中和规模经营而使村庄需要依靠外来的大户、企业家或企业。阻止农民自己实现土地的集中进行家庭农场经营的原因有哪些？在中国推进家庭农场的有利因素又有哪些？我们试图从农民层分解理论的角度来回答这些问题，并探讨实现家庭农场的条件和可行性。

一、中国发展家庭农场的制约

（一）农民分化与分解

农民层分解理论是农民阶级研究的一个很重要的视角，但它又与农民的阶级研究不同。与社会学中将阶层和阶级做严格区分所不同，农民层分解理论中这两者是混同的，其很重要的原因在于，马克思所强调的农民必定会分解成农业资本家和农业劳动者两个阶级的阶级分化理论，除了产业革命时期的英国外，在实际中这两个阶级并没有显著产生。依据各国资本主义发展阶段和程度的不同，农民向着多样化、复杂化的形态在发展演变。于是伴随着农民层分解阶段类型论的发展，对农民层分解条件的研究更被重视，而不是两级化的结果。即农民层分解理论更强调的是在资本主义或市场经济的发展过程中，农民发生多样性变化的过程，而不是强调最终分解成两个对立阶级的结果。在第三世界的发展中国家，资本主义的发展并不充分，甚至没有发展，马克思关于两级分化的阶级理论并不适用，所以第三世界的一些学者提出了“接合理论”，日本也因本国发展状况的不同，其国内学者强调日本所发生的并不是两级分化而是“中农标准化”。

虽然农民层分解理论并不区分阶级和阶层，但其在分析农民分解的条件时，是有区分农民层分化和分解的。农民层分化（differentiation of the peasantry）是指：带有作为小生产者特性的农民层，只发生了经营规模和生产水平等财产上的差异，并未形成成熟的阶级性差异。农民层分解（disintegration of the peasantry）是指：在农民层分化的阶段，当一定的条件成立时，上层农向上成为农业资本家，下层农向下没落成农业劳动者和非农业劳动者，从而农民层分解为资本家阶级和劳动者阶级。而农民从分化发展到分解必须要具备三个条件：第一，生产向在市场竞争中处于有利地位的农民集中，而对于在市场竞争中处于不利地位的农民，比起继续维持农业，作为自由劳动者生活反而更有利的条件已形成；第二，建立在上层农生产力优势上的剩余被再投资于农业，用于扩大再生产；第三，有能让从农业生产中分离出来的农民心甘情愿离开农业生产的充分的农外劳动力市场。

以上三个条件，总的来说就是农内差距和城乡差距两个条件。农民内部因生产力的差距，上层农逐渐成长为农业资本家，而下层农逐渐从土地上被解放而成为雇用劳动者，因生产力的差距，下层农出让土地所得地租和自己直接经营所得差异不大而愿意放弃土地，同时，因为城乡差距，这部分从土地脱离出来的农民又心甘情愿地进入农外劳动力市场，实现农外就业，因为农外就业所得加上所得地租会远远超过自己直接经营土地的所得。满足这两个条件后的农民层的分解过程其实是分—聚—解这样三个过程，即因市场经济的发展，在农民内部首先发生了分化，分化为在市场竞争中的有利者和不利者，然后产生了土地从不利者向有利者集中的过程，伴随这种集中的还有其他生产资料以及资本等向有利者聚集，最后有利者将这些资本重新投入农业扩大再生产，从而最终成为农业资本家，而不利者最终沦为雇用工人，这时最后的分解才完成。

这个过程中，可能会存在种种可变因素阻止这种分解的完全发生。比如，如果下层农通过农业所得能够维持生计和家庭劳动力再生产，他就会倾向于持续家庭生产；再比如，如果没有充分的农外就业机会，农民便不会轻易离开土地和农村。这种充分分解的不易发生也是为什么除了马克思的两级分解论外还有更多的理论得到发展的原因。在改革开放后，因市场经济的发展，中国农民发生了大量的分化，这已成为不争的事实，但农民并没有发生两级分解，是什么因素阻止了处在发达的市场化中的农民层的解体？

(二) 中国农民的分而不解

中国农民在经历了 30 年的市场经济发展后仍能保持分而不解，首先当然要归功于集体所有的土地制度。集体所有的土地制度和家庭联产承包责任制相结合,又产生了土地均分的效果,其实比起集体所有,平均分配这点在对于阻止农民分解上起了更大作用。这种土地的平均分配开始时通过国家的土地调整政策被强化维持,但到后来,土地的平均分配不仅是一种制度性的安排,且已然成了村落共同体成员的共识,而成为共同体的规范。所以,即使后来国家规定在村庄或村民组内不再进行土地调整了,土地调整在很多地方仍在进行(赵阳,2007)。这种土地平均分配的制度和习惯,以及土地的集体所有而不能买卖,从根本上防止了中国农民资本主义式的两极分化。

中国农村之所以没有像印度那样快速分化为少数的资本主义农场主和大多数的无产农业工人,主要是因为均分土地的承包制度,以及以这个制度下的小家庭农场为基础的合作组织的发展(黄宗智,2010)。均分土地的承包制度不仅让土地的集中和兼并不能实现,避免了农民沦为无产者,而且很大程度上在强大的市场力量中保护了农民,减少了农民不得已靠出卖自己劳动力为生的压力,而大部分农民离农进城务工只是作为一种家庭经营的策略,而不是唯一的活路,即进城务工是为了补充家庭收入,或者即使不能为家里增收,至少也可以减缓家里耕地过少的压力,从而也就减缓了农民作为完全雇用劳动者进入市场竞争的压力。

土地集体所有和平均分配的制度为农村奠定了一个基础,让经历了30年市场经济发展的农民虽发生了巨大分化,但并未发生分解,而处于相对安定和稳定的状态,并且这种土地制度其实已为农民提前下了不会分解的定论,从而形成了一种稳定的农村发展基础。但在20世纪90年代以后,在村落共同体内政府不再进行土地调整,承包期也延长为30年,更为重要的是,土地流转被允许并在农村实际大量发生,这种变化实际上减弱了土地集体所有和平均分配制度的束缚,而使土地和其他资源在农村内部自由流动和集中成为可能,即为已经分化了的农民,尤其农民内的精英者们,也即市场竞争中的有利者们,实现下一步资源集中提供了可能。同时，得益于中国连续几十年 GDP 的高速增长和“世界工厂”的地位，大量充分的农外就业机会被创造，而城乡差异在中国就没减缓过，这为大量农村劳动力的离农提供了充分的牵引力和可能性，而实际情况也是过去几十年中国已产生了 2 亿多农民工①。

中国农村虽不具备农民层从分到解的条件，但以上这些条件已经满足农民层从分到聚过程的实现条件，即土地、资本以及其他资源聚向有利者的过程。但现实是，农民虽然也产生了分化，在农村也出了很多“万元户”、经济能人，也有大量的农民将土地流转而进城就业了，但并未出现所预期的“中间农”或“上层农”来实现土地的集中和规模经营，亦即我们所期望的具有一定规模的家庭农场或大规模农场。即土地和资源在农民间形成了分化，却最终并未聚集到部分上层农中而产生土地规模经营者，这种分而不聚的原因又何在呢？

（三）中国农民的分而不聚

1. 未分化的农村生产力。

要分析这种分而不聚的原因，需要我们再来检讨实现这个过程的条件。首先来看第一个条件，即农内差距的发生。这个农内差距是指因技术、劳动力、资本等因素而在农业生产中产生的生产力的差距，这个差距最终导致具有生产力优势的上层农和在生产力方面具有劣势的下层农的分化，上层农因先进的生产手段等而能获得更多的农产品剩余，而下层农却因落后的生产手段等而不能获得更多剩余和利润，甚至不能维持生计，于是这两个集团也就形成了在市场竞争中的有利者集团和不利者集团。我们可以发现，这里所说的农民分化是根据生产力的优劣而产生的分化，这点至关重要。

20 世纪 80 年代农村进行了一系列市场经济体制改革后，农民发生

---

① 根据国家统计局的资料（http://www.stats.gov.cn/），2008 年离土又离乡的农民工达 1.4 亿，2010 年为 1.5 亿，2008 年离土不离乡的农民工为 8500 万，2010 年为 8888 万，即到 2010 年农民工总数近 2.4 亿。

了显著分化。但无论是通过陆学艺的农民8阶层论，还是后来对农民分化的研究，我们都可以发现，大部分农民分化或分层的研究都是以职业为标准进行的划分，除以职业标准进行的划分之外，还有以所有制关系、社会地位、收入、消费为标准的划分（邹农俭，1999；万能原新，2009）。这说明中国农民的分化从一开始便不是因农业生产力的优劣而发生的分化，更多的是跟职位、权力、社会资源等占有相关的分化。比如林坚结合职业和收入发现，农民大致可分为4个阶层，最上层即金字塔顶部是私营企业主、乡镇企业管理者和农村管理者，中上层是农村智力劳动者和个体工商户，中下层是雇工和农民工，金字塔最底部是农业劳动者，占总人数比例最多（林坚等，2006）。农业劳动者作为一个整体进入了最底层，而其他上层者几乎都是与农业生产无关者。即农业劳动者内部并无多大分化，其整体的收入、地位等都偏低，所谓的农民的分化只是一部分农民作为政治精英或经济精英从最底层的农业劳动者阶层中脱离的过程。这一点从李强所做的研究也能发现。

李强通过国际社会经济地位指数（ISEI）对我国的社会分层进行了分析，结果发现中国社会结构呈倒丁字形，其中占全部就业者63.2%并构成倒丁字那一横的最底层基本是农民，而其中大田农民即中国传统意义上的农民占91.2%（李强，2005）。这意味着从事农业生产的农民作为一个整体位于社会的最底层，在农业生产者内部并未因生产力的优劣而发生分化。20世纪80年代实行家庭联产承包责任制改革后，农业生产力大幅度提高，但只有最初几年的增长是制度改革的原因，其后农业生产力的提高很大程度上归功于化肥和农药的大量使用、新品种和新技术的推广（林毅夫等，2002）。在我国，农民没有生产力的分化不是因为农业生产的落后，而是因为务农的收益低。而从20世纪80年代实行家庭联产承包责任制改革后，到21世纪初，我国农民务农的收益低，很大原因在于税费负担过重和农产品价格过低。

比起第二产业和第三产业，农业本身就具有低效益特性，所以很多发达国家对农业实行高补贴政策，以使农民的务农收益能平齐于甚至高于其他产业从业人员的收入，而我国在2006年以前，农民负担过重都还是社会问题，更不用说务农高收入。除了过重的税收负担，农产品的价格低廉是务农收益过低的另一原因。

对于农民负担到底有多重并没有统计数据，因为比起国家所规定的农业税，作为地方财政收入主要来源的"三提五统"和各种摊派的数额更大。"'分灶吃饭''层层包干'的财税体制势必导致'一税轻，二税重，三税无底洞'现象的发生，到了1990年，各种向农民征收的税目达149项之多"。而这些负担各地并不一样，也没有统一规定，经济发达地区和乡镇企业发达的乡镇反而要少一些，即使同一地区不同村庄之间都有可能有差距。但是农民负担的程度通过一些个案研究和部分地区的调查结果可窥一二，比如对6个省的抽样调查问卷中，对于所交税费占家庭总收入百分率问题的回答结果来看，1994年平均为43.4%、1993年平均为34.8%、1992年平均为30%。虽然这是农民自己的判断，但也从侧面反映了农民所感受到的税费之重。"1992年，各地方关于农民负担沉重、干群关系紧张、冲突不断的状况反映到了中央"(陆学艺，2004)。

与税费负担过重相伴随的是低农产品价格。在计划经济时期，国家为了优先发展重工业而需要用较低的农产品价格来维持城市职工的低工资水平(林毅夫等，2002)。这种低价政策在1979年时有较大调整，粮食作物、油料作物、糖料作物以及棉花等价格都有大幅度提高，但政府为了减轻财政负担，到1984年时又重新降低了农产品价格(林毅夫等，2002)。如表6-1所示，从1985年到2000年的16年间，农产品的价格始终处在一个较低的水平。到1993年，水稻和小麦的收购价格都只在0.6元/千克，即每斤3毛，之前价格更低；玉米在1993年的收购价格才0.1元/千克，1994年有较大幅度提高，但到了2000年，每千克的价格也只是徘徊在1元左右。水稻和小麦的定购价格指数在1994年后一直在降，玉米的定购价格指数也在1997年后开始下降。

如果对这个1斤几毛的概念并不清晰，我们可从李昌平2000年给总理的上书中对农民种地收益进行的计算中了解到税费的过重和粮食价格的过低。

“我们这儿的田亩负担在200元/亩。另外还有人头负担100元/人、400元/人不等。两项相加350元/人左右。一家五口种地8亩，全年经济负担2500、3000元(不含防汛抗灾、水利等劳动负担)。农民种地亩产1000斤谷子(0.4元/斤)，仅仅只能保本(不算劳动负担)，80%的农民亏本……有的村的人头负担高过500元/人”(李昌平，2000)。即按当时的农产品价格，每亩也就400元左右的毛收入，而每亩所必须缴纳的各种税费在350～500元，还不算劳动力投入和其他农资投入，显然没有任何利润可言，甚至会亏本。

表6-1　1985—2000年主要粮食作物的定购价

年度	水稻		小麦		玉米	
	定购价/(元/千克)	定购价格指数(上年=100)	定购价/(元/千克)	定购价格指数(上年=100)	定购价/(元/千克)	定购价格指数(上年=100)
1985	0.35	—	0.43	—	0.31	—
1986	0.36	101.3	0.44	102.3	0.32	101.6
1987	0.38	107.3	0.44	101.5	0.33	104.9
1988	0.40	105.3	0.47	105.6	0.34	103.4
1989	0.48	119.9	0.51	108.2	0.37	107.9
1990	0.51	106.2	0.51	100.6	0.38	101.6
1991	0.51	99.9	0.51	100.9	0.38	99.7
1992	0.55	108.6	0.59	116.0	0.42	110.8
1993	0.62	111.2	0.66	110.9	0.46	110.4
1994	0.89	144.8	0.89	135.7	0.69	150.0
1995	1.09	122.5	1.08	121.3	0.86	124.6
1996	1.33	122.0	1.31	121.5	1.06	123.0
1997	1.48	111.3	1.46	111.5	1.23	116.0
1998	1.46	98.6	1.44	98.6	1.23	99.7

续表

年度	水稻		小麦		玉米	
	定购价/(元/千克)	定购价格指数(上年=100)	定购价/(元/千克)	定购价格指数(上年=100)	定购价/(元/千克)	定购价格指数(上年=100)
1999	1.33	91.1	1.31	91.0	1.14	92.7
2000	1.13	85.0	1.14	87.0	0.96	84.2

数据来源:《2001中国农业发展报告》。

务农的低收益还可从农民收入、收入指数、收入增长率以及农村居民和城市居民的收入差中反映出来。从表6-2我们可以看到,农村居民人均纯收入到1994年才过1000元,而扣除价格影响后,1994年也没过千元,并且增长缓慢。以1978年为基准,绝对增长率一直在下降,除了20世纪80年代初几年相对增长率超过了10%,此后一直在5%左右徘徊。2004年各地开始实行减免税费政策后才有了显著增长。与城市居民的人均可支配收入相比较,农村居民的低人均收入更加明显。如表6-3所示,除了20世纪80年代初的几年,城市居民和农村居民的人均可支配收入的差距有所缩小之外,从1985年开始就一直持续在扩大,在2002年时达到了3 ∶ 1。如果只考虑货币收入,1999年城乡人均货币收入的差异就已达4 ∶ 1,如果考虑只有城市居民能享受而农村居民不能享受到的医疗、教育、养老等福利的话,这个差异会达到5倍(郑书耀,2007)。同时,城市居民的恩格尔系数在1994年后就降到了50%以下,而农村居民到2000年才实现这一点。

表6-2　农村居民人均纯收入及几种指数

年份	人均纯收入/元	纯收入指数(1978=100)	以1978年为基年的增长率	扣除价格影响后的纯收入	
				人均/元	比上年增长/(%)
1978	133.6	100.0	—	—	—
1979	160.2	119.2	19.2	159.2	19.2
1984	355.3	249.5	16.5	351.9	13.6

续表

年份	人均纯收入/元	纯收入指数(1978=100)	以1978年为基年的增长率	扣除价格影响后的纯收入	
				人均/元	比上年增长/(%)
1985	397.6	268.9	15.2	383.0	7.8
1989	601.5	305.7	10.7	536.2	−1.6
1990	686.3	311.2	9.9	612.3	1.8
1994	1221.0	364.3	8.4	967.7	5.0
1999	2210.3	473.5	8.2	2244.1	3.8
2000	2253.4	483.4	7.4	2256.8	2.1
2003	2622.2	550.6	7.1	2582.1	4.3
2006	3587.0	670.7	7.0	3495.8	7.4
2007	4140.4	734.4	7.1	3927.8	9.5

资料来源:《中国农业年鉴(2008)》《新中国六十年统计资料汇编》.

表 6-3　城市和农村居民人均可支配收入及恩格尔系数

年份	GDP中第一产业比重	城市家庭人均可支配收入/元	农村家庭人家可支配收入/元	城乡人家可支配收入比	城市居民的恩格尔系数/(%)	农村居民的恩格尔系数/(%)
1978	28.2%	343.4	133.6	2.6	57.5	67.70
1982	33.4%	535.3	270.1	2.0	58.6	60.70
1983	33.2%	564.6	309.8	1.8	59.2	59.40
1984	32.1%	652.1	355.3	1.8	58	59.20
1985	28.4%	739.1	397.6	1.9	53.3	57.80
1986	27.1%	900.9	423.8	2.1	52.4	56.40
1990	27.1%	1510.2	686.3	2.2	54.2	58.80
1991	24.5%	1700.6	708.6	2.4	53.8	57.60
1993	19.7%	2577.4	921.6	2.8	50.3	58.10
1994	19.9%	3496.2	1221	2.9	50	58.90
2000	15.1%	6280	2253.4	2.8	39.4	49.10
2001	14.4%	6859.6	2366.4	2.9	38.2	47.70

续表

年份	GDP 中第一产业比重	城市家庭人均可支配收入/元	农村家庭人家可支配收入/元	城乡人家可支配收入比	城市居民的恩格尔系数/(%)	农村居民的恩格尔系数/(%)
2002	13.7%	7702.8	2475.6	3.1	37.7	46.30
2005	12.1%	10493	3254.9	3.2	36.7	45.50
2008	10.7%	15780.8	4760.6	3.3	37.9	43.70

资料来源:《中国统计年鉴》《新中国六十年统计资料汇编》。

这些所体现的其实是过重的税收负担和过低的农产品价格导致的农业的低收益。这种低收益可以说在 2004 年税费改革之前的几十间一直在持续,长期的务农过度低收益对农民层的分解来说,造成了以下几点影响。

第一,农民层内部未能实现生产力的分化,而是如李强所发现的那样,普遍贫困化。

第二,使农民层分解的第二个条件也未能得到满足,即没有出现对农业扩大再生产的投资。虽然农民层内并未产生生产力的分化,但在过去的几十年里,得益于市场经济的发展,在农村其他途径导致了农民的分化,从而产生了一批富裕农民,但农业的低收益使这些富裕起来的农民并没有将资金和资源投向农业的扩大再生产,反而用来努力脱离农村,或进行其他非农业的投资,或直接用于移居城市。而外部的市场性资本和人力资源等更是不愿进入农村投资农业,在农产品价低和税费较高的情况下,当地农民都很难有收益,而外来投资者还需要支付地租,更难有利可图。于是,在 2004 年以前的几十年,农村对市场来说其实是长期处于一种封闭静止的状态,除了资源特别是人力资源的流出外,很少有资金和其他资源的流入。

第三,农业的过低收益也阻碍了农民内部的合作化和组织化。无论从建立农民合作组织的资金还是动力来说,务农的过度低收益都使其很难实现。再加上因银行对农民贷款的限制，农民想通过土地进行其他经济作物的种植都很难（黄宗智，2006）。可以说，农民毫无进行农业投资的动力和机会。于是形成了在过去几十年，在农村只有农民层的持续分化和外流，并无土地等资源向分化的上层农聚集的过程，也无对农业的扩大再生产的投资，更加没有土地等资源向外来资本聚集的过程，从而形成了农民层无论怎么分化，也不会分解成农业资本家和农业雇用工人或上层农和下层农。

2. 城乡二元对立的社会结构。

除了上述原因之外，农民分而不聚的另一外在原因便是以户籍制度为中心的城乡二元对立的社会结构。以1958年的《中华人民共和国户口登记管理条例》为基础的户籍制度对我国城乡二元对立的社会结构的形成起了重要作用，这几乎是众所周知的事实，这种城乡二元对立的社会结构越来越不能适应迅速发展的市场经济，政府虽然在户籍制度上有很多松动，但并未完全废除这种城乡分离的户籍管理方法。因为这项制度的政府需求仍然存在，它是国家财政的保障屏障，在现行户籍制度下，国家只需为拥有城市户口的人提供教育、医疗、社会保障等，如果取消户籍制度，实现城乡一体化就意味着国家必须支付巨大的国民待遇成本（陈映芳，2005）。当市场经济的快速发展遭遇这种非市场化的制度时，便产生了一个庞大的特殊群体，即农民工群体。按着正常的城市化和工业化的发展过程，这部分农民工应是被城市化的那部分农民，但因种种原因，他们的城市化并不能彻底，只能是半城市民，这也就决定了他们必须还要维持自己的半农民身份。

农民分解的第三个条件是，有使从农业脱离出来的农民充分就业的农外市场，以及因城乡差距从农业生产中分离出来的农民能心甘情愿地离开农村进入这个市场。中国经济的高速发展以及务农的低受益使这两方面都得到满足了，近2亿的农民工就是证明。但是，因城市务工收入远远大于务农收入，这部分农民的确心肝情愿地进入城市了，但因户籍制度而导致的城市生活无保障、无安定性以及城市居民的排外性，又使他们不能心甘情愿地放弃农村，干干脆脆地离开土地和农村。他们在城市的生活原则、生活方式，基本上是以农村、农民为参照的，而且他们也往往认为自己是城市的局外人，并对这种局外人的身份有较普遍的认同(陈映芳，2005)。他们大多数都打算以后回农村(贺雪峰，2010；李强，2005)。这种离农者的不干脆性对农村内土地和其他资源的集中至少有两个影响。

首先，即使这部分农民已不再从事农业生产，且把自己的那份土地让出来了，但他们的不确定性和不干脆性，使得在农村务农的农民对接受他们的土地以及对土地进行投资也有了不确定性。这是主张不进行土地调整和延续土地承包期者的理论来源，即对土地使用稳定性的预期会直接影响农民对土地的投资。由于离村进城者的土地流转大多数都是非正式的，很少签订合同，也不约定承包期(叶剑平等，2006，2010)，这其实暗示着他们随时都有可能返回农村要回土地，而接受他们土地的农民也只能抱着暂时代种的心态来经营土地，从而不会进行长期规划或大型投资。

其次，因为这部分离农者在城市生活的不安定性、无保障性以及相对于他们工资的城市生活的高成本，使他们没有勇气也不能将家里的老小和弱者都带进城市，这样，耕种哪怕是很少量的土地就成了家庭生计策略中不可缺少的一部分，耕种土地哪怕是不能盈利，只能维持家里老小和弱者的生活成本，对家庭生计来说都是功不可没的。这样，很大程度上也造成了土地经营的零碎性以及零碎性的强化，作为维持家里老小人口生活的土地，即使面积不大，农民也是不愿转让的。这两个方面都能影响农村土地以及其他资源向在村农民或农民精英的集中，以及在村农民对土地经营的投资。

二、现在发展家庭农场的契机

改革开放后中国的市场经济发展迅速，但集体所有平均分配的土地制度从根本上防止了中国农民分解为农业资本家和农业雇用工人。但得益于改革开放的成果,在过去30年中,有大批农民从农村流向城市,在农村也出现了大批有资源有能力的农村精英分子和能人,他们是有能力和条件担当起土地规模经营的主体的。但是在过去相当长的一段时期内,农产品价格维持在一个较低水平,同时农民还承担着过重的税费,这使得务农的收益极低而很难实现土地和资源向农民精英集中而达到规模经营,同样也让农外资本不会进入农村投资农业而实现规模化经营,同时银行对农民贷款的限制以及其他条件的限制使农民的合作化经营也受到限制,再加上以户籍制度为中心的城乡二元对立的社会结构的影响,使得在过去几十年间,虽然有大量离农者和土地流转,也有大量农村精英和能人的产生,但只是农民间非正式的、小规模的、分散的土地流转,农村的财力和人力资源大量外流而没有聚向投资农业发展农业,从而形成一批专业于农业经营的家庭农场。

在2008年国家开始推动大规模的土地流转时,整个环境已经发生了巨大转变,以上所述产生家庭农场的各限制条件随着社会发展、国家政策的变化已减弱或消失,而产生家庭农场的制度基础和社会基础仍存在甚至得以强化,家庭农场的发展出现了契机。

首先,2006年农业税费被取消,农民种地无税费负担,同时国家还给予种地农民一定的粮食补贴,农产品价格也有大幅度上升,种地不再是亏本的,反而能盈利,农民对种地的态度发生了改变,种田的积极性有了很大提高。而部分农户通过扩大家庭经营规模实现了家庭生计的维持和家庭收入的增长,同时还能保持家庭生活的完整性,这让务农重新成为维持家庭生计的选择之一。

其次,各种农业合作组织被积极推进,银行对农民的贷款政策开始放宽,农民医保等福利措施也在逐步跟上,在这样的背景下,以前的资金问题、对贫困化的担忧越来越不能成为限制农民对农业进行投资的因素。

再次,政府对户籍制度的改革,各级政府对土地流转的积极推进以及给予的政策和资金上的大力支持,为促进土地集中、农民进行农业投资和家庭农场经营创造了条件，即限制有能力的上层农民实现资源集中进行家庭农场经营的各种制约因素正在减弱或消失。

最后，限制因素在减弱或消失的同时，家庭农场发展的制度和社会条件却仍在，即现行的家庭联产承包责任制的土地制度和小农经济的村庄社会基础。正是因为中国独具特色的土地制度维系了中国小农经济的基础，使中国农民在市场化的冲击中没有快速分解成农业资本家和农业雇用工人，从而为内生性家庭农场的发展提供了基础，也正是中国大量存在的村庄共同体和独具特色的农民基础组织，为家庭农场的发展提供了良好的社会基础。

通过以上考察，在现阶段依靠农民自身力量建立适当规模的家庭农场是可能的，也是必要的，只是从 2006 年开始税费改革到 2008 年大力促进土地流转这个时间不够长，农民对这些外部条件的转变还未来得及感应和应对，一定的原始积累还未形成。假以时日，依托政府支持，依靠农民自身力量发展起内生性的家庭农场完全有可能，而此种内生性发展模式，最终实现的是自生性农民收入的增长和农村社区的发展，而不是外来大资本的盈利和村庄的被剥夺，这对现在中国农村发展也是必要的。

附录　韩国农业危机及其启示[①]

一、前言

随着我国工业化和城市化的加快以及社会转型的到来，农业占国民经济比重日渐下降，大量农村人口流入城市，"三农问题"开始凸显，这是现代化过程中农业面临现代化转型不可避免的问题。同时，随着我国加入世贸组织，农产品市场逐步对外开放，大量国外农产品、跨国食品企业和国际资本开始进入，对国内农产品市场造成冲击，在这种内外压力之下，政府面临农业结构调整、农村社会改革的压力和重任。

面对中国农业的改革重任，近几年政府积极推动资本下乡，试图通过以龙头企业带动的方式、大资本大规模承包经营的方式等来实现农业的产业化和规模化的经营，从而实现农业的现代化。很多学者也从不同角度论述了这种经营模式的优势(万俊毅，2008；严瑞珍，1997；杜吟棠，2006)。但是农业产业化的过程，也正是资本大规模地进入农业的过程(陈义媛，2013)；有学者指出，在现在条件下，资本下乡的结果是大农、资本和部门各自利用自身优势联合并获利，而小农被盘剥(仝志辉，温铁军，2009)；另有学者担忧，此种模式会带来农民的"无产化"，最终演变成"资本化＋无产化"的模式(黄宗智，2007)。针对大规模经营可能带来的不利后果和中国的国情，一些学者提出要慎重考虑大规模的经营，主张适度规模的小农家庭农场应当是中国未来农业发展的主要力量(黄宗智等，2012；任治君，1995)。或从农民的生存与发展、农村社会稳定的立场出发，强调小农家庭经营具有强韧的竞争力，主张小农应当仍作为未来农业

① 本文发表于《农业经济问题》2015年第3期。

发展的主要力量(贺雪峰,2011;杨华,2011,2012;陈柏峰,2012)。

对于资本“入农”对农业的影响,对韩国农业的考察对我们具有借鉴意义,因为韩国曾经具有同样的小农经济结构,同样经历了快速工业化和城市化过程中的城乡二元结构问题,以及同样面对农业结构调整的重任,更重要的是,韩国已经经历了由小农向“现代农业”的转变过程以及此过程中小农解体的阵痛,其农业转型的失败和陷入了深刻危机的现实可为我们提供前车之鉴。本文试图从战后韩国农业发展的过程,尤其其危机化的过程来考察小农经济体制对韩国农业的贡献、农业资本化给韩国农业带来的危机以及其转型失败的原因,从而使我们今天面临的农业结构调整和农业转型得到一些启示。

二、现代化危机下的韩国农村发展:小农策略

第二次世界大战后韩国确立了输出主导型的经济振兴战略,在这种战略下,韩国政府将农业定位为工业发展的手段,通过发展农业,为韩国工业的发展提供廉价的劳动力和粮食供应,以及稳定的政治支持。这种以城市工业化为中心的现代化发展之路是以牺牲农村为代价的,它因驱使农村的物力、人力向城市集中,从而造成了对农民、农村以及农业的损害,由此产生了韩国农业发展史上的第一重危机,即现代化的危机。为了维持低成本的城市劳动力,韩国政府通过低价收购农民粮食以及接受美国的粮食援助来维持低粮价,这无疑加深了农民的生计困难,从而更进一步加快了农民流向城市的速度,为城市工业发展提供了大量廉价劳动力。但是,吊诡的是,在这种现代化危机之下,韩国农村并未出现萧条、凋敝,农业发展反而取得了巨大进步和成果,这要归功于韩国政府的小农策略。韩国政府通过一系列的农业政策和新农村建设运动来发展小农经济、振兴农业和农村,使其成为实现国家工业振兴和经济复苏的有力保障,而韩国能实行小农经济体制也有其政治和社会基础。

(一) 战后韩国的农业振兴政策及其效果

韩国国内战争结束后,在 20 世纪 50 年代和 20 世纪 60 年代进行了

旨在消灭地主阶级、防止资本侵农的农地改革。所谓农地改革，就是政府通过一定的补偿，对非农者及非自营者的土地、自耕或者自营面积超过3公顷以上的土地进行收买后，再通过一定的偿还方式有偿分配给无地和少地的农民，土地为农民所有。农地改革确立了韩国的小农体制，保护了小农经济，同时防止了地主的资本家化和土地资本的产业资本化。到1964年韩国自耕农的比重从1945年的13.8%增加到了71.6%。

通过农地改革确立小农经济体制以后，韩国政府又通过一系列的农业保护政策巩固其成果。这些政策包括限制国外农产品的输入，加大农业基础设施建设力度，推进土地平整项目，对水利、道路等基础设施建设进行大量投资，推进机械化的普及，培育推广优种良种以及为农民提供金融援助。在1962年开始的第一个五年计划中，农业部门的主要目标是粮食增产和实现生产过程的近代化；而第二个五年计划中，农业的基本目标是通过粮食增产实现粮食自给、增加农民收入和推进农业的现代化、积极推进耕地整理和机械化、完善水利设施建设，尤其注重种子改良、灾害应对。进入20世纪70年代，在美国停止了对韩的粮食援助而改为对韩粮食出口之后，韩国政府为了保证城市工业化的发展，开始将粮食增产作为农业政策的重要任务，于是在1970年初，韩国便开始实行以增加农民收入、保护农民生产积极性的双重米价政策。所谓双重米价政策，就是政府以高价从农民那里收购粮食，然后再以低价卖给城市居民，这样既保证了农民的收入和种粮积极性，又维持了城市居民的低工资，从而保证了输出导向型工业化所需的廉价劳动力。政府实施的双重米价政策，对粮食增产、农民增收起到了重要作用；同时，在家畜产业方面，政府也制定了相关的法律法规来遏制大资本、大企业对家畜产业的侵蚀，如限制饲养规模等，以保护家庭养殖业。

政府除了自上而下推行的保护、发展小农的一系列政策措施外，还积极推进农民进行自下而上的农村振兴运动，即推进以“自足、勤劳、合作”为基本精神的新农村运动，以改善农村居住环境，提高农民发展地区经济的主动积极性，为农村发展奠定基础。同时，在法律方面，韩国政府积极健全相关法律法规，确保耕地面积以及自营农的权利等，从而保障粮食种植的稳定性。政府这一系列的努力大大提高了粮食产量和粮食自给率，到 1976 年时韩国实现了大米的自给自足，农民收入甚至一度超过了城市居民；同时这也实现了政府的另一目的，即农村稳定和农民对政府的支持。可以说，这一时期是韩国农业的鼎盛时期。

（二）小农体制的优势及其实行基础

为了能持续让农村成为工业发展的廉价原料和劳动力的供应地，韩国政府必须维持农村的发展，且这种维持还不能是高成本的。在这种情况下，维系小农经济体制便成为韩国政府的首选方式，因为小农体制对于当时韩国政府的整体发展战略来说，具有以下明显优势。

首先，从个体经济组织层面来看，小农以农民家庭为生产和消费单位，农民家庭不使用雇用劳动力，只依靠家庭劳动力进行生产，其组织经济活动的逻辑不是资本主义式的，而是对所拥有的资产进行适当分配以维持家庭消费和生产的平衡为目的（恰亚诺夫，1996）。因其主要以家庭为单位进行劳动力和资源投入以及维持家庭再生产，政府只需提供最低公共服务供给便可，且几乎不用付出额外的成本就能实现农村大量优质劳动力的再生产。这正是当时韩国政府在艰苦条件下发展工业所需要的。

其次，从社会层面来看，大量小农的存在，充实了村庄，为实现村庄基础设施建设、公共品供给、村庄管理提供了载体，这便是“中坚农”对村庄的社会意义（贺雪峰，2011）。韩国政府正是充分利用和发挥了小农的生产特性，积极动员其参与村庄事务的积极性以及发展生产与建设村庄的积极性，使政府的对农支援付出了较少成本而获得了较好效果，尤其以农民“自足”为立足点的新农村建设运动的成功，更是依靠了小农的自发参与与自我发展。韩国新农村建设运动重要的成功在于，以很少的经济成本和社会成本实现了韩国农村面貌的改善和农业生产的发展，而其核心手段就是动员小农。

再次，从更宏观层面上看，在农村对小农经济的保护和在城市对工业化的积极发展，使此时期的韩国形成了在城市由产业资本主义支配的产业化体系和在农村由小商品生产支配的小农经济体制共存的二元结构。这种二元结构此时并未给韩国发展造成困扰，反之，政府恰恰利用这种城乡二元结构实现了国家的现代化发展，因为农村的小农体制为城市的产业化发展提供了廉价劳动力和粮食的供给以及稳定的政治支持。由于政府的发展小农政策以及其出色效果，当时的小农阶层成为政府最有力的支持者。

在韩国的工业化和城市化过程中，小农经济之所以能获得如此有效的发展，其关键在于此一时期韩国政府拥有的强有力的国家权威主义。韩国政府正是利用强有力的国家权威主义，一方面依靠小农经济体制从农场汲取资源，另一方面又通过资金援助和政策支持，在农村积极发展小农经济，以此缓解现代化过程给韩国农村带来的衰退危机以及对现代化进程的威胁。韩国政府以农村的小农体制为基础发展城市产业，城市产业的增长扩大了税收，政府又利用这些税收实现了农业开发的投资、融资，进一步强化农村的小农体制，从而形成了城乡关系的良性循环，为国家在仍是前资本主义的农村社会的基础上有效率地实现城市产业政策提供了充分的余地和空间。亦即虽然存在城乡对立的二元结构，但国家通过税收和投资流动实现两者间的互动与共同发展，使二者互为基础又相互促进。

虽然有学者认为，韩国国内战争结束后在国民经济发展的头两个五年计划都采取了重农政策，从本质上来看其并不是真正的重农政策，只是以输出为主导的外向型工业化战略的需要而对农业的重视和发展。但韩国政府在当时经济基础极其薄弱的情况下，采取这种小农策略来维持农村稳定和发展并保障工业化的发展，不能不说是韩国经济取得成功的重要原因之一。

三、全球化过程中的韩国农业危机：农业资本化

20世纪70年代韩国农业的“繁荣”并未能持续下去。随着经济形势的变化，20世纪80年代后韩国的农业发展思路和政策发生了大转变，即由防止资本入农、保护小农转为开放农产品市场、积极推进农业自由化，结果导致了农业资本化发展。但资本化农业的发展并未带来韩国农业的成功转型和发展。韩国农业在极短的时间内卷入世界资本主义市场而危机重重、无法自拔，现在，农业对韩国经济增长的贡献几乎可以忽略不计，2006年韩国的谷物自给率只有28%。而韩国农村，如韩国国内学者所说，以比世界上任何发达资本主义国家都要快的速度解体了。到2010年，韩国农村人口占总人口的6.3%，而在2007年，韩国农村人口中年龄在65以上的人口比率为32.1%，属超高龄化人口结构，年龄在65岁以上的农业经营主占总农户的46.4%，接近一半，其中70岁以上的比重占28%，且从2005年后呈急速上升之势；而这些几乎是在短短20年内发生的，这与韩国政府的农业结构调整和农业政策密不可分。

（一）韩国农业自由化进程及其后果

韩国政府在1978年确立了农产品输入自由化的基本方针，并于1984年引入农产品输入自由化预备制度，逐步开放农产品市场。根据GATT（关税及贸易总协定），到1995年韩国须开放所有农产品市场。为了应对农业的自由化，韩国政府采取了一系列措施，这些措施的核心则是农业的资本化。韩国政府放弃粮食自给的基本农业政策方向而转为市场开放的农业政策，逐渐放弃对农业的保护政策。此一时期，韩国农业政策的主要变化包括：由以粮食增产为目标转向以物价安定为目标，积极推进农村人口的流动、减少农业人口、维持低农产品价格和低工资水平；废除以前为稳定农民收入而实施的双重米价制度；由努力增大国内粮食供给改为进口开放，主要依赖进口粮食，对国内农业进行选择性培养，培养部分专业农户和大农以及水稻种植农；由以增加农业收入为中心转为增加农外收入为中心；对于农业结构由积极扶持保护小农结构转变为积极推

进大规模企业农结构，取消农地所有上限政策、推进土地流转、土地规模化经营和机械化、培养企业农。其中最核心的就是废除之前为维持小农而制定的土地所有面积上限规定政策，并推进土地流转、土地规模经营和产业化农业的发展。

韩国的土地规模经营总体上来说并未取得多大成果，政府虽然进行了天文数字的投入，并持续推进了好些年，但因韩国的平原耕地面积小且较分散，规模经营的初期投资成本大，大型机械利用的经济性低，以及高地价和较高的劳动力成本，规模化的速度和程度并未达到预期效果，也并未能提高韩国农产品的国际竞争力，反而扩大了农民的两极分化。更重要的是，韩国政府的资本化农业政策使韩国更深地卷入了农业的全球化危机。

在韩国为应对农业开放化和自由化而推行的土地规模经营还未发挥预想效果之时，1995 年韩国正式加入 WTO(世界贸易组织)，韩国更深一步卷入了世界市场体系，从而进一步加深了韩国的农业危机。虽然 WTO 是 GATT 持续发展的结果，都是要求市场的开放化，但 WTO 又不同于 GATT。GATT 虽然要求开放农产品市场，且允许逐步开放，但其并不要求废除国内的农业保护政策，而 WTO 不仅要求农产品贸易的自由化，还包括对各会员国国内农业政策进行规定和干涉并实行强有力的监督，即不仅要求贸易的自由化，更要求农业体制的自由化、资本化改编，这便是韩国农业面临的以自由主义为基础的全球化危机。

韩国于 1995 年加入 WTO，有学者将韩国加入 WTO 前 10 年和后 10 年的韩国农业进行了对比研究后发现，加入 WTO 的前 10 年韩国农业 GDP 的年平均增长速度是 8.6%，而加入 WTO 后的后 10 年韩国农业 GDP 的年平均增长速度是 0.9%，且以 1995 年加入 WTO 当年为界，呈现显著的断层。农业总生产额也从前 10 年年平均 7.7%的增长速度下降到后 10 年年平均 3.1%的增长速度。以 1995 年为界，农户的农业收入也有显著变化，到 1995 年时农户的农业收入都还有较高增长，但 1995 年以后基本停滞，在前10年以年平均11.0%速度增长，而后10年的年平均增长率只有1.2%，且城乡收入由基本持平到差距扩大。同时相伴随的还有农民负债的增加，1995年农民的农业用途负债比重和家计维持负债比重分别是69.3%和12.1%，但是到2005年时，农业用途负债比重降到了60%，而用于家计的负债比重增加了一倍，达24.3%。水稻、蔬菜、水果等的种植面积在1995年后都呈现出逐年减少之势，而花卉、人参等特用品目的种植面积呈增长趋势。耕地面积和农户户数也在加入WTO后加快减少，即使这样也未能实现农地的规模化经营，而是呈两极分化之态，且加入WTO之后，兼业农由之前的增加态势变为之后的减少态势，专业农的比重大大增加。总的说来，随着韩国对外开放的加深，韩国的农业急剧衰退、竞争力丧失、农户交易条件恶化、城乡差距扩大、农户负债严重，从而加深了农村的衰落。

（二）自由化逻辑下的危机本质

20世纪末开始展开的全球化以经济自由化和以市场为中心的再结构化为核心，这意味着国际金融资本和跨国企业可自由地进行全球扩张，将这种自由度发挥到极致并将其作为一种规范和意识形态制度内化到各国，世界贸易组织起了不可替代的作用。对农民的保护政策被指责为违背了自由市场原理而逐渐解体，WTO在其会员国内按照自由市场原则重塑各国的农业结构，使其更适合全球化的自由市场，也就更符合国际金融资本和跨国企业的扩张利益需求，其结果就是几乎在全世界范围内使工业化农业逐渐取代了以前的农业生产形式。根据世界贸易组织的规定，各会员国必须减少或消除农产品贸易关税，须减少或撤除对农民的保护政策，让农产品市场如其他领域市场一样成为完全自由开放市场，这为国际金融资本和巨型跨国企业进入各国农业市场扫清障碍，其导致的结果就是各会员国农业的资本化发展。

工业化农业是由追逐利润的全球性跨国企业所支配的世界粮食体系主导下的结果，其使农业生产不是按照当地的需求被组织，而是按照能在世界市场中具有竞争优势予以发展。当地的原生农业生产系统被破坏，越来越多的单一性和经济性作物被种植。不仅如此，在农业投入、生产、流通过程中作为生产者的农民越来越丧失主体性地位，而农业产业和农业企业在其中开始发挥主导作用。在这个过程中，巨型跨国企业在国家粮食生产、粮食安全以及国民饮食生活中的作用越来越大，这就增加了国家粮食安全和食品安全的风险性。因为资本的最终目的是追逐利润而不是国家的粮食安全和国民身体健康，尤其企业的跨国性更加减少了企业的责任心和责任性。另一方面，这种跨国食品企业使农业生产越来越依赖非农业生产要素(如转基因技术、超级种子、工厂化管理)等技术性或管理性要素，其结果是连农业生产过程也越来越依赖企业以及资本。在这个过程中，伴随着传统农民的失势和高依附性，农民的生产活动变成了只是整个企业垂直生产系统中的一个环节，农民没有讨价还价的资本，丧失了生产的自决性和主体性，变成了只是拿给定的份额的雇用农。不仅如此，规模化的单一种植不仅需要更高的生产成本，还承担着更高的自然风险和市场风险，一旦遭遇天灾或市场波动，农民不仅家庭粮食自给会成为问题，而且还可能面临破产的危机。20 世纪 90 年代后韩国农民的负债率快速上升并一直维持在一个高水平便与这种模式有关。

韩国从 20 世纪 80 年代开始对外开放农产品市场到 1995 年正式加入 WTO 完全开放农产品市场，距今也不过二三十年，韩国农业所面临的危机不仅包括以上所说的国家粮食安全以及社会层面，且已经从社会层面蔓延到了社会心理层面。有学者这样总结现在韩国农业的危机：韩国农业已经进入了沉没的危机，这种危机不仅包括市场丧失的危险，还包括对未来期待的丧失和自信心的丧失。前者是因为大量国外农产品的入市，使国产农产品市场萎缩，产生了农产品价格持续下降，农民收入减少、负债严重甚至破产，以及农村的衰退和农业的对外依赖性等一系列问题，而后者包括政府以及民众尤其农民对韩国农业的未来和出路丧失期待，从而丧失克服危机的信心和意志。2008 年的粮食危机不仅在全世界范围内造成了更大范围的饥饿，甚至造成了一些国家的政治动乱(赵放，陈阵，2009)，伴随着这一危机出现了食品安全危机的政治化趋势，各国政界和学界不得不开始审视这种代价。而韩国政府面对2008年的这次危机，不仅要担心粮食安保的问题，还要担心由食品安全问题而引发的社会危机，后者最直接的表现形式就是在首尔爆发的大规模反对进口美国牛肉的烛光示威集会。

四、韩国农业危机的反思

战后韩国为了实现国民经济的发展，确立了输出导向型的工业发展战略。在这个过程中，韩国政府为了使农村成为工业发展的劳动力蓄水池和政治稳定的稳定器，积极采取了保护小农、维持小农经济体制的农业政策，这种政策的确使韩国的农民、农村和农业为韩国的经济腾飞作出了贡献。在这个过程中，韩国政府对农民增收、农村建设和农业发展进行了资金投入和政策支持，带来了粮食的增产以及农村的发展。但这种“繁荣”被席卷而来的全球化过程和农产品市场的对外开放而消解，在面对国际市场要求的各种自由贸易的协定，韩国政府放弃了各种支持农业和保护小农的政策，转而推行被认为更能适应国际自由市场竞争的规模经营和工业化农业。这个过程也是农业资本化的过程，资本的逐利本能加上WTO规定的自由化条例，使韩国农业结构按国际自由市场的需要被再编，资本排挤了传统的农业经营方式，也排挤了小农。而韩国的自然条件以及农业条件决定了韩国的农业很难在世界市场上具有强竞争力，这种农业的资本化带来的反而是农村的衰退甚至解体和农业的高对外依赖性，同时也带来了食品安全危机和政治危机。

韩国农业危机化的过程看起来是因为农产品市场的对外开放和贸易自由化所引起的，但其实是农业的现代化危机和全球化危机下农业结构调整和转型失败的结果。20世纪70年代之前，虽然韩国政府以小农体制缓解了因工业化、城市化所带来的农业危机，政府的一系列兴农政策的确使农村和农业实现了发展，但韩国的现代化是在工业输出战略基础上实现的基调没变，农村服务于城市的定位也没变，所以这样的政策是不稳定的，会随时再因国家工业发展的需要而改变。换句话说，政府积极保护小农，费心费力发展农村经济，只是出于要稳定工业化发展后方基地的目的，而不是发展农业，所以到了20世纪80年代，国家工业的进一步发展需要农业作出另外一种牺牲时，韩国政府很快就放弃了之前的政策而转为开放农产品市场。也因此，即使到20世纪80年代，韩国国民经济已取得了巨大发展，但其城乡二元的结构未变，由现代化产生的农业危机也并未被化解，只是因其“繁荣”而使危机暂时被遮掩。伴随政府为应对农业的全球化危机而采取的农地规模化经营和农业产业化政策，其之前被暂时缓解的现代化危机也同时凸显，因为农地的规模化经营和农业产业化的核心内容就是废除小农体制，积极培养专业农、企业农以及部分农业经营法人，随着小农体制的解体，之前被小农体制所纳的危机也就随之显现。

问题更在于，小农体制解体的同时，以农地规模化和农业产业化为核心的农业结构调整和转型又未能取得成功，韩国农业面临的现代化危机和全球化危机便同时爆发了。亦即韩国政府省略了培养农户和农业企业的国内竞争力这一步，而直接就对外开放，要求其参与国际农产品市场竞争、具有国际竞争力。而此时的国际农产品以及食品市场已是被巨型跨国企业所主导，它们通过食品的远距离移动和低价格打败地区农业，同时采用通过低劳动力成本的工业式农产品加工战略，来扩大市场占有率。耕地面积少、资源缺乏、一直以小农经济为基础的韩国农业，在这种竞争中很难取得优势。

韩国政府在面对市场开放的国际竞争压力时，过于仓促实行了抛弃小农、培养规模经营的专业农和企业农的农业结构调整策略。这种政策转变不仅急促而且彻底，中间没有过渡政策也没有留给韩国农业缓冲时间，所以当由保护小农的政策转为市场开放的农业政策后，在资本化农业挤压、摧垮了小农时，韩国国内还没有生长出能担当农业主力的中坚力量，而政府投入了巨额资金来培养和扶持的专业农也很难在国际市场上具有优势，国际资本和跨国企业迅速填补了其国内空缺，最终结果是韩国不仅没有赢得国际市场的农产品竞争，还失了本国农业，且失去的不仅是本国的农产品市场，还有国家的粮食安保和安全，以及造成了农业和农村的衰退。

五、对中国的启示

国民经济的发展是工业和农业的同步发展，现代化的转型其实是要实现农业部门和工业部门的同步转型。但中国同韩国以及大多数后发展国家一样，在现代化过程中选择了优先发展工业的战略。中国和韩国在进行农业转型时，如同大部分后发展国家一样，不仅需要面对国内二元结构，更需要面对全球化的压力，尤其 WTO 协约的压力。而中国与韩国的另一相似之处在于，农业转型的基础和条件有很大相似之处，即人多地少的资源结构以及小农经济体制的社会结构。对于现在正面临农业转型和改革的中国，从韩国农业转型的经验和教训，我们可以得到以下一些启示。

（一）关于农业发展目标

在全球化背景尤其 WTO 协约的压力下，后发展国家的农业转型都面临开放国内农产品市场的压力，并努力使国内农业体系成为世界农业体系的一部分，从而适应国际化竞争的需要。而如前所述，这必然要求农业的工业化亦即导致农业的资本化。但核心问题是：农业的资本化是否就能实现农业的现代化转型？农业的资本化是否就能提高农业的国际竞争力？以及农业的国际竞争力是否就是农业发展的终极目标？

韩国农业转型失败的原因之一就在于，其不顾本国资源禀赋特征，强行推进以国际市场竞争为目标的农业改革，最终不仅没能实现农业在国际竞争中占有一席之地，反而赔上了国内农村社会的发展，造成了深刻的农业危机。韩国的农业资源禀赋决定了其很难在国际农产品市场上取得优势。不仅韩国，即使对一些资源禀赋较好的后发展国家尤其第三世界的国家来说，在自由化体系下，做到农业在国际市场竞争中具有主体性竞争力很难，最多也只是像菲律宾等一些国家那样通过种植油棕、咖啡等西方发达国家所需的特种作物来获得国际市场的竞争力。但这种竞争力也只是一种依附性竞争力，最终以高度依赖发达国家市场为前提和以本国的高度粮食不安全为代价。

在全球化背景下，对于后发展国家尤其第三世界国家来说，农业发展的目标究竟应该是什么是值得再思考的问题，且这种思考应是带有更多主体性的思考。是以培养在国际农产品市场中具有国际竞争力的农业为目标？还是以本国粮食安全、农民增收、农村社会稳定等国内社会目标实现为目标？在中国的现阶段，何种农业发展目标对中国发展更具意义，应是农业政策制定中需要考量的。

（二）关于小农经济

对小农经济的评判和思考，不能仅仅停留在其劳动生产率的高低层面，还需要考虑其具有的社会意义。韩国曾一度依靠小农经济体制来发展工业、振兴国家经济，而农村也在支持小农经济的政策下，实现了发展和繁荣。小农经济体制在国家工业发展中的蓄水池和稳定器作用，不仅在韩国工业起飞阶段体现明显，在日本经济发展之初也作用明显。小农经济体制所具有的这种社会性意义，与一个国家的发展阶段密切相关，在论及小农经济的利弊时，需考虑国家发展阶段及在此阶段小农经济所具有的社会性意义。

中国的工业化也是在城乡二元结构下的小农经济基础上发展起来的，在这个过程中，小农经济体制为城市的工业化发展提供了廉价原料和大量劳动力，在中国现代化的过程中也起到了蓄水池和稳定器的重要作用。而随着国民经济的不断发展，中国的现代化进程也进入到了需要农业转型的路口。同时，随着中国加入 WTO，中国的农业转型也面临着开放农产品市场和农业全球化的压力。正是在这种背景下，政府加快了农村改革的步伐，也激发了小农经营、家庭农场经营与大规模经营之争以及对“资本下乡”的推进和对其的反对。对于这种争论以及小农经济该何去何从，其下结论的前提，仍是需要明确我国的发展阶段问题。我国经济发展正处于何种阶段？在此阶段小农经济对社会发展是否还有意义？以及在什么层面上发挥何种意义？只有明确这些问题，才能对小农经济去留以及农村改革方向有更好的认识。

(三）关于农业资本化

如果我国农业结构的调整和转型不可避免，从韩国农业结构的调整和转型中，我们至少可以得出以下结论：农业的资本化、工业化不是农业发展的必然方向，至少不是唯一方向。中国人多地少的基本国情同日韩相似，并不适合发展大规模的工业化农业。且不说韩国的失败，即使美国依靠农业的工业化取得了农业的巨大发展，成为世界主要的粮食出口国，但其现在也在为工业化农业产生的环境问题和食品安全问题所困扰。而对于后发展国家来说，农业转型的国际环境和条件已发生改变，面对已经被美国等西方发达国家和超级跨国企业集团所主宰的国际农产品市场，让资本主导农业、大力推进工业化农业的发展不占优势甚至风险重重，韩国转型失败就是典型的例子。

从另一方面看，并不是所有国家都适合发展资本化的大规模农业。有学者指出，判断何种模式最好不要只看劳动生产率，还需要考虑“社会最优”性，在劳动力的社会机会成本很低而资本和土地的成本很高时，小规模农业能实现更大的“社会最优”，提供更高的“全要素生产率”，因为其最大化利用了便宜要素（劳动力）而不是昂贵要素（资本和土地）（Ellis，1998；Griffin，et al，2002）。所以对于大部分人口多耕地面积少的国家来说，如果考虑整体社会效益，就不适合学习美国进行资本化的大规模工业化农业，而需要探索适合本国资源状况的发展模式。如日本依据其国情，最终确立了技术和劳动密集型的小型农场发展模式，而使其农业发展与韩国形成鲜明对比。

(四）关于农业发展方向

当今世界所谓农业发展已不再仅仅是农业 GDP 的发展，而是涵盖了更多价值取向和社会效益的农村综合发展，包括农村生态环境、安全食品生产、农村宜居社区建设以及农村区域经济发展等诸多内容。所以农业改革目标不能仅是着眼于农业发展,还应是包含了农村发展和农民增收目标的综合性改革。单纯的农业发展并不能同时带来农村的繁荣和农民增收,可能只是农业企业与资本的盈利和扩张,如果只侧重农业的发展,很容易陷入韩国的农民离农、村落凋敝的境况。而这种改革同时需要理念的转变,即农村发展不能以服务工业为目的,而应是实现农业部门和工业部门的同步发展。

同时,从韩国农业结构调整和转型失败中,我们可得到的另一反思是,无论方向是何处,转型的过程需要谨慎、渐进。韩国农业转型失败原因之一就是转得太急、太大,忽视了其小农经济的社会基础,试图彻底“舍旧建新”,结果两者都失。中国相比韩国,具有更广阔的农村版图和更多的农村人口,也有更重的粮食安全压力,农业的转型更需要考虑社会稳定、粮食安全等因素,也就更需要重视小农经济这个巨大的社会基础和基本现实,需要从这个根基出发,逐步发展出适合我国的农业经营形式,实现稳妥转型。并且在这个过程中要培养出一批真正扎实的农业经营主体,使其能担当粮食生产、农村社会稳定的重任,从而应对农业结构调整、农产品市场开放和农业全球化的压力。

参 考 文 献

[1] 恰亚诺夫.农民经济组织[M].萧正洪,译.北京:中央编译出版社.1996.

[2] 可尔钦,德姆塞茨.生产、信息费用与经济组织[M]//科斯,阿尔钦,诺斯,等.财产权利与制度变迁——产权学派与新制度学派译文集.上海:上海人民出版社,1994.

[3] 杨格.报酬递增与经济进步[J].经济社会体制比较,1996(3):52-57.

[4] 伯特.结构洞:竞争的社会结构[M].任敏,李璐,林虹,译.上海:格致出版社,2008.

[5] 曹幸穗.旧中国苏南农家经济研究[M].北京:中央编译出版社,1996.

[6] 陈柏峰.中国农村的市场化发展与中间阶层——赣南车头镇调查[J].开放时代,2012(3):31-45.

[7] 陈曜,罗进华.对中国农村土地流转缓慢原冈的研究[J].上海经济研究,2004(6):29-35.

[8] 陈映芳."农民工":制度安排与身份认同[J].社会学研究,2005(3):119-132.

[9] 费孝通.乡土中国　生育制度[M].北京:北京大学出版社,1998.

[10] 冯启高,毛罕平.我国农业机械化发展现状及对策[J].农机化研究,2010(2):245-248.

[11] 艾利思.农民经济学:农民家庭农业和农业发展[M].胡景北,译.上海:上海人民出版社,2006.

[12] 房慧玲.发展家庭农场是中国农业走向现代化的最现实选择[J].

南方农村,1999(2):19-20.
[13] 傅爱民,王国安.论我国家庭农场的培育机制[J].农业经济,2007(1):14-16
[14] 关付新.我国现代农业组织创新的制度含义与组织形式[J].山西财经大学学报,2005,27(3):47-51.
[15] 高强,刘同山,孔祥智.家庭农场的制度解析:特征、发生机制与效应[J].经济学家,2013(6):48-56.
[16] 苟大来,左停,徐秀丽.社会关系强弱及其群的规模对小组贷款还款率的影响——基于安徽某社区的社会网络分布的实证分析[J].经济社会体制比较,2010(1):149-157.
[17] 贺雪峰.乡村的前途[M].济南:山东人民出版社.2007.
[18] 贺雪峰,袁松,宋丽娜,等.农民工返乡研究[M].济南:山东人民出版社,2010.
[19] 贺雪峰.取消农业税后农村的阶层及其分析[J].社会科学,2011a(3):70-79.
[20] 贺雪峰.论农地经营的规模——以安徽繁昌调研为基础的讨论[J].南京农业大学学报(社会科学版),2011b,11(2):6-14.
[21] 贺雪峰.组织起来:取消农业税后农村基层组织建设研究[M].济南:山东人民出版社,2012.
[22] 贺雪峰.关于"中国式小农经济"的几点认识[J].南京农业大学学报(社会科学版),2013(6):1-6.
[23] 黄宗智.华北的小农经济与社会变迁[M].北京:中华书局,1986.
[24] 黄宗智.长江三角洲小农家庭与乡村发展[M].北京:中华书局,1996.
[25] 黄宗智.制度化了的"半工半耕"过密型农业(下)[J].读书,2006(3):72-80.
[26] 黄宗智.制度化了的"半工半耕"过密型农业(上)[J].读书,2006(2):30-37.

[27] 黄宗智,彭玉生.三人历史性变迁的交汇与中国小规模农业的前景[J].中国社会科学,2007(4):74-88.
[28] 黄宗智.中国小农经济的过去和现在——舒尔茨理论的对错[J].中国乡村研究,2009.
[29] 黄宗智.中国的新时代小农场及其纵向一体化:龙头企业还是合作组织?[J].中国乡村研究,2010(8):(11-30).
[30] 黄宗智.中国的隐性农业革命[M].北京:法律出版社,2010.
[31] 黄宗智,高原,彭玉生.没有无产化的资本化:中国的农业发展[J].开放时代,2012(3):10-30.
[32] 黄宗智.中国过去和现在的基本经济单位:家庭还是个人?[J].学术大视野,2012(3):76-93.
[33] 黄宗智."家庭农场"是中国农业的发展出路吗?[J].开放时代,2014(2):176-194.
[34] 黄延廷.我国农地规模经营中家庭农场优势的理论分析[J].改革与战略,2011(5):81-84.
[35] 黄云鹏.农业经营体制和专业化分工——兼论家庭经营与规模经济之争[J].农业经济问题,2003(6):50-55.
[36] 黄宗智,"家庭农场"是中国农业的发展出路吗?[J].开放时代,2014(2):176-194.
[37] 纪灿离,冀彬,许永杰.制约农村土地流转冈素分析[J].农村·农业·农民(A版),2009(4):23-24.
[38] 蒋辉.苏南地区进一步发展家庭农场的探讨[D].苏州:苏州大学,2008:7.
[39] 波兰尼.人转型:我们时代的政治与经济起源[M].冯钢,刘阳,译.浙江:浙江人民出版社,2007.
[40] 黎东升,曾令香.进一步发展我国家庭农场的思考[J].农业经济,2000(7):38-39.
[41] 李健,王继权.农村土地经营权流转的法律思考[J].乡镇经济,

2004(10):45-46.

[42] 李澜,李阳.我国农业劳动力老龄化问题研究——基于全国第二次农业普查数据的分析[J].农业经济问题,2009(6):61-66.

[43] 李强."丁字型"社会结构与"结构紧张"[J].社会学研究,2005(2):55-73.

[44] 李昌平.我向总理说实话[M].西安:陕西人民出版社,2009.

[45] 林坚,马彦丽.我国农民的社会分层结构和特征——一个基于全国1185份调查问卷的分析[J].湘潭大学学报(哲学社会科学版),2006,30(1):15-21.

[46] 林毅夫,蔡昉,李周.中国的奇迹:发展战略与经济改革[M].上海:上海人民出版社,2002.

[47] 林善浪.农场土地规模经营的效率评价[J].当代经济研究,2000(2):37-43.

[48] 刘远风.刘易斯拐点后的中国农村空心化治理[J].经济经纬,2014(1):32-37.

[49] 刘凤芹.农业土地规模经营的条件与效果研究:以东北农村为例[J].管理世界,2006(9):17-29.

[50] 刘豪兴.农村社会学[M].北京:中国人民大学出版社,2008.

[51] 刘畅.农村社会学[M].湖北:华中科技大学出版社,2008.

[52] 刘春燕.美国农业环境问题与风险对我国的警示[J].西部学刊,2014(7):71-74.

[53] 普罗斯特曼,汉斯达德,李平.中国农业的规模经营:政策适当吗?[J].中国农村观察,1996(6):17-29.

[54] 罗必良.农业经营制度的理论轨迹及其方向创新:川省个案[J].改革,2014(2):96-112.

[55] 罗兴佐,刘书文.市场失灵与政府缺位——农田水利的双重困境[J].中国农村水利水电,2005(6):24-26.

[56] 陆学艺.中国"三农"问题的由来和发展[J].当代中国史研究,2004

(3):4-15

[57] 马若孟.中国农民经济:河北和山东的农民发展,1890—1949[M].史建云,译.江苏:江苏人民出版社,1999.

[58] 毛丹.村落共同体的当代命运:四个观察纬度[J].社会学研究,2010(1):1-33.

[59] 潘玉庆.社会资本理论与创新型组织文化建设[J].国外社会科学,2009(5):109-113.

[60] 潘石,于洋.中国农业发展理论的传统和现代形式的评析与反思[J].江汉论坛,2003(9):5-8.

[61] 钱贵霞,李宁辉.不同粮食生产经营规模农户效益分析[J].农业技术经济,2005(4):60-63.

[62] 钱贵霞,李宁辉.粮食生产经营规模与粮农收入的研究[J].农业经济问题,2006(6):57-60.

[63] 任治君.中国农业规模经营的制约[J].经济研究,1995(6):54-58.

[64] 史博臻.上海郊区兴起家庭农场松江模式[EB/OL].(2013-02-26)[2016-07-20].http://finance.sina.com.cn/nOngye/nygd/20130226/135614650619.shtml.

[65] 斯梅尔瑟,斯威德伯格.经济社会学手册[M].罗教讲,张永宏,等,译.2版.北京:华夏出版社,2009:291.

[66] 魏明海,黎文靖,唐清泉.代理人行使信息权力过程中的会计问题[J].当代经济管理,2006,28(1):88-94.

[67] 汪亚雄.南方农业适度规模经营分析[J].统计与决策,1997(5):21-23.

[68] 万能原新.1978年以来中国农民的阶层分化:回顾与反思[J].中国农村观察,2009(4):65-73.

[69] 王春来.发展家庭农场的三个关键问题探讨[J].农业经济问题,2014,35(1):43-48.

[70] 卫新,毛小报,王美清.浙江省农户土地规模经营实证分析[J].中

国农村经济,2003(10):31-36.

[71] 伍开群.家庭农场的理论分析[J].经济纵横,2013(6):65-69.

[72] 许庆,尹荣梁,章辉.规模经济、规模报酬与农业适度规模经营——基于我国粮食生产的实证研究[J].经济研究,2011(3):59-71.

[73] 许庆,尹荣梁.中国农地适度规模经营问题研究综述[J].中国土地科学,2010,24(4):75-81.

[74] 谢林.乡民经济的本质与逻辑[M]//沃尔夫.乡民社会.台北:巨流图书公司,1983.

[75] 解安.发达省份欠发达地区土地流转及适度规模经营问题探讨[J].农业经济问题,2002,23(4):38-41.

[76] 夏莉艳.农村劳动力流失对农村经济发展的影响及对策[J].南京农业大学学报(社会科学版),2009,9(1):14-19.

[77] 杨成林,屈书恒.中国式家庭农场的动力渐成与运行机理[J].改革,2013(9):82-89.

[78] 杨小凯,黄有光.专业化与经济组织——一种新兴古典微观经济学框架[M].张玉刚,译.北京:经济科学出版社,1999.

[79] 杨小凯,张永生.新兴古典经济学与超边际分析[M].北京:社会科学文献出版社,2003.

[80] 杨华.农村土地流转与社会阶层的重构[J].重庆社会科学,2011(5):54-60.

[81] 杨华."中农"阶层:当前农村社会的中间阶层——"中国隐性农业革命"的社会学命题[J].开放时代,2012(3):71-87.

[82] 杨昊.农村土地流转驱动因素与制动因素分析及其建议[J].林业经济,2009(10):75-79.

[83] 叶剑平,蒋妍,丰雷.中国农村土地流转市场的调查研究——基于2005年17省调查的分析和建议[J].中国农村观察,2006(4):48-55.

[84] 叶剑平,丰雷,蒋妍,等.2008年中国农村土地使用权调查研

究——17省份调查结果及政策建议[J]. 管理世界,2010(1):64-73.

[85] 斯密. 国民财富的性质和原因的研究[M]. 郭大力,王亚南,译. 北京:商务印书馆,2009.

[86] 余练. 中国家庭农场培育的经验与启示——以皖南平镇家庭农场发展为例[J]. 区域经济评论,2014(6):124-129.

[87] 余练,刘洋. 流动性家庭农场:中国小农经济的另一种表达[J]. 南京农业大学学报(社会科学版). 2013(6):9-13.

[88] 于洋. 中国农业规模经营的理论反思[J]. 农业经济,2003(12):15-17.

[89] 斯科特. 农民的道义经济学:东南亚的反叛与生存[M]. 程立显,刘建,等,译. 南京:译林出版社. 1976.

[90] 朱博文. 美法日家庭农场发展的经验和启示[J]. 长江大学学报(自然版),2005(5):87-91.

[91] 朱启臻,胡鹏辉,许汉泽. 论家庭农场:优势、条件与规模[J]. 农业经济问题,2014,35(7):11-17.

[92] 朱国宏,桂勇. 经济社会学导论[M]. 上海:复旦大学出版社,2005:161.

[93] 张伙,葛向东,彭补拙. 土地经营适度规模的初步研究[J]. 经济地理,2002,22(3):351-355.

[94] 张丁,万蕾. 农户土地承包经营权流转的影响因素分析——基于2004年的15省(区)调查[J]. 中国农村经济,2007(2):24-34.

[95] 张顺,程诚. 市场化改革与社会网络资本的收入效应[J]. 社会学研究,2012(1):130-151.

[96] 张海亮. 吴楚才. 江浙农业规模经营条件和适度规模确定[J]. 经济地理,1998(1):85-90.

[97] 赵阳. 共有与私用:中国农地产权制度的经济学分析[M]. 北京:生活·读书·新知三联书店,2007.

[98] 邹农俭.当代中国农村社会分层标准研究[J].南京师大学报(社会科学版),1999(3):18-23.

[99] 郑书耀.城乡差异:衡量、成因与对策解析[J].广西大学学报(哲学社会科学版),2007,29(1):33-37.

[100] Ellis F. Peasant Economics:Farm Households and Agrarian Development[M]. Cambridge:Cambridge University Press,1988.

[101] Griffin K,Khan A R,Ickowitz A. Poverty and the Distribution of Land[J]. Journal of Agrarian Change,2002,2(3):279-330.

[102] Eric R Wolf,On Peasant Rebellions[J]. International Social Science Journal,1969,21(1).

[103] Shanin T. Peasants and Peasant Societies[M]. London:Penguin Books,1971.

[104] Lin J Y. Rural Reforms and Agricultural Growth in China[J]. American Economic Review,1992,82(1):34-51

[105] Binswanger H R,Deininger K,Feder G. Power,Distortions,Revolt,and Reform in Agricultural Land Relations[J]. Policy Research Working Papers,1993(7):1164.

[106] Cheung S. The Contractual Nature of the Firm[J]. Journal of Law and Economics,1983,26(1):1-21.

[107] Shi H,Yang X. A New Theory of Industrialization[J]. Journal of Comparative Economics,1995(20):171-189.

[108] Brian U,Lancaster R. Embeddedness and Price Formation in the Corporate Law Market[J]. American Sociological Review. 2004:69(3):319-344.

[109] Williamson O E. Markets and Hierarchies[M]. New York:The Free Press,1975.

[110] Lazerson M. Future Alternatives of Work Reflected in the Past:The Putting out Production in Modena[M]//Swedberg R,ed.

Explorations in Economic Sociology. New York: Russell Sage Found, 1993.

[111] Ronald D. Goodwill and the Spirit of Market Capitalism[J]. British Journal of Sociology, 1983, 34(4): 459-482.

[112] Mark G. Economic Action and Social Structure: The Problem of Embeddedness[J]. American Journal of Sociology, 1985, 913 (11): 481-510.

[113] James S C. Social Capital in the Creation of Human Capital[J]. American Journal of Sociology, 1988(94): 95-120.

[114] James S C. Foundations of Social Theory[M]. Cambridge: Harvard University Press, 1990.

[115] Fukuyama F. Trust: The Social Virtues and the Creation of Prosperity[M]. New York: The Free Press, 1995.

[116] Robert D P. Bowling Alone: The Collapse and Revival of American Community[M]. New York: Simon&Schuster, 2002.

[117] Vaisey S. Structure, Culture, and Community: The Search for Belonging in 50 Urban Communes[J]. American Sociological Review, 2007, 72(6): 851-873.

[118] Banaji J. Summary of Selected Parts of Kautsky's: The Agrarian Question[J]. Economy and Society, 1976, 5(1): 1-49.

[119] 万俊毅. 准纵向一体化、关系治理与合约履行——以农业产业化经营的温氏模式为例[J]. 管理世界, 2008(12): 93-102.

[120] 严瑞珍. 农业产业化是我国农村经济现代化的必由之路[J]. 经济研究, 1997(10): 74-79.

[121] 杜吟棠. 农业产业化经营与农民组织创新对农民收入的影响[J]. 小城镇建设, 2006(2): 9-18.

[122] 陈义媛. 资本主义式家庭农场的兴起与农业经营主体分化的再思考——以水稻生产为例[J]. 开放时代, 2013(4): 137-155.

[123] 仝志辉，温铁军，等. 资本和部门下乡与小农户经济的组织化道路——兼对专业合作社道路提出质疑[J]. 开放时代，2009(4):5-26.

[124] 赵放，陈阵. 粮食主权与 WTO 农业贸易体制的重新审视[J]. 中州学刊，2009(4):38-42.